부자되는 풍수
기업 살리는 풍수

김두규 · 매경럭스멘 지음

매일경제신문사

Contents

머리말

운명을 바꾼다는 것

해마다 숱한 트렌드 분석서와 예언서가 쏟아져 나오는 것은 개인이나 국가나 한 치 앞을 볼 수 없기 때문이다. 세상은 우연히 일어나는 극단적·충격적인 일들로 움직여 왔다. 때문에 인문·사회과학자들은 일상적이고 반복적인 것을 관찰하고 그 축적된 통계와 트렌드를 바탕으로 미래를 예측한다. 해가 바뀔 때마다 수많은 연구 기관·학자·전문가가 한 해를 학문적으로 전망한다. 하지만 경험으로 알 수 있듯 그러한 예측에는 한계가 뚜렷하다.

어떻게, 운명의 주인이 될 수 있을까? 운명은 자신이 살고 있는 시간과 공간, 즉 환경에 의해 규정된다. 환경은 내가 바꿀 수 있다. 환경은 다름 아닌 풍수(공간 논리)로 풀어낼 수 있다. '운명을 바꿀 비방'은 그다지 어려운 것이 아니다. 환경이 바뀌면 사람의 인식 내용이 바뀐다. 그리고 운명이 달라진다. 풍수는 운명에 순종하는 것이 아니라 운명을 바꾸는 방법이다.

풍수(風水)라고 하면 발복(發福)을 위한 술수나 미신에 불과하다는 비판부터 제기되지만, 이 '술수'나 '미신'은 사라지지 않고 있다. 풍수에 대한 강의, 상담, 서적 간행 등이 끊이지 않는다.

올해 풍수 논란이 한창 뜨거웠다.

윤석열 대통령의 집무실과 관저 이전이 그 배경이다. 윤석열 정부의 대통령실 용산 이전은 대한민국 역사에서 큰 획을 긋는 일임에 틀림없다. 윤석열 대통령이 용산으로 자신의 집무실을 옮긴 배경은 제왕적 대통령

제를 끝내겠다는 의지의 표명이다. 하지만 사람들이 정작 더 관심을 갖는 것은 과연 '용산이 제왕을 담을 그릇이 되는가'에 쏠려 있다. 청와대를 둘러싼 오래된 풍수 논쟁이 용산으로 이어지고 있는 것이다. 풍수적으로 청와대 터가 흉지(凶地)라 국운이 사납고 역대 대통령들의 말로가 좋지 않다는 주장이 세간에선 기정사실처럼 알려져 있지만, 여기에 대해서는 의견이 나뉘는 것도 사실이다.

풍수에 가장 관심이 많은 곳은 기업이다. 삼성, SK 등 창업주들과 후대 오너 경영인들의 풍수와 관련된 일화는 무수하다. 사옥 터를 잡을 때부터 설계, 심지어 일하는 층과 방향, 사무실 인테리어까지 풍수를 고려하는 CEO들이 많다. 이 책을 발간하는 또 다른 배경에는 성공한 기업 풍수를 통해 사람은 물론 기업의 운도 상승시키고자 하는 의도가 있다.

이 책의 1장 '풍수 입문'은 풍수 이론에 대한 간단한 해설과 용어 설명을 담았다. 이를 통해 2장 '기업 풍수'는 서울에 위치한 기업 사옥의 위치와 건축법 등이 풍수 이론과 어떻게 맥이 닿아있는지를 살펴봤다. 주변에서 쉽게 볼 수 있는 기업 사옥을 통해 생활 풍수를 체득하는 기회가 될 수 있다. 3장은 김두규 교수의 핵심 관심사인 '권력과 풍수'를 다뤘다. 청와대 터 흉지론의 진실, 대통령실 용산 이전의 배경을 풍부한 풍수 이론과 역사적 사실을 바탕으로 독자들이 쉽게 이해할 수 있도록 설명했다. 4장 '역사 속 인물과 풍수'에선 정조임금, 흥선대원군 등과 얽힌 풍수일화에 한국 현대사에 명멸한 전 대통령과 얽힌 풍수 이야기를 함께 풀어냈다. 역사 속 인물과 관련된 일화는 우리에게 더욱 쉽게 풍수가 무엇인지를 알려준다.

풍수 이론에 익숙해졌다면 이제는 실전이다. 5장과 6장에서 생활 속에서 우리가 실천할 수 있는 풍수 이론을 쉽게 풀어냈다. 특히 6장 인테리어 풍수는 우리가 간과하기 쉬운 생활 소품과 방식을 통해 삶을 윤택하게 만들 수 있는 방법들을 소개한다. 마지막으로는 2023년 계묘년을 예측하는 여러 가지 방법들을 담았다. 자신의 직장, 승진, 애정, 재물, 건강 등을 향상시킬 수 있는 구체적인 비결들이다.

Chapter 1
풍수 입문

풍수란 무엇인가

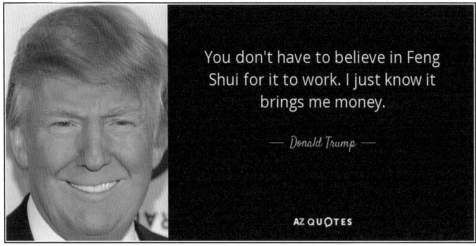

미국 야후에 올라온 트럼프와 풍수를 묘사한 사진

부동산업자로 출발한 도널드 트럼프 전 미국 대통령이 세계적인 '부동산 재벌'이 될 수 있었던 것은 그가 부동산 개발·투자·분양에 풍수를 활용하였기 때문이다. 이후 그는 그렇게 해서 축적한 재력을 바탕으로 미국 대통령

이 된다. 처음에 그는 풍수를 전혀 몰랐다. 풍수가 무엇이지?

"나(트럼프)는 아시아의 부호들에게 매우 비싼 아파트들을 분양 중이었는데 갑자기 중단되었다. '풍수'라 불리는 어떤 것 때문이었다.

그 당시 결코 들어보지 못한 단어였다. 내가 물었다. 도대체 풍수가 무엇인가?"

아시아 부호들에게 풍수가 필수임을 알게 된 그는 풍수를 활용한다. 그리고 이 전략은 아시아 고객뿐만 아니라 세계적인 명사와 부호들에게 어필하여 '대박'을 터트린다. 트럼프는 평소 다음과 같은 말을 자주 한다.

"굳이 풍수를 믿어야 할 필요는 없어요. 그저 풍수를 이용해요. 왜냐면 그것이 돈을 벌어다 주기 때문이지요.(I don't have to believe in Feng Shui. I use it because it make me money.)"

이렇게도 말한다.
"당신이 풍수를 굳이 믿을 필요는 없어요. 나는 다만 그것이 돈이 된다는 것을 알지요.(You don't have to believe in Feng Shui. I just know it brings me money.)"

트럼프는 풍수가 무엇인지를 정확히 이해하였고, 자신이 이해한 풍수를 활용하여 자신의

운명을 바꾼 21세기 대표적 인물이다.

풍수의 목적을 풍수 고전 '금낭경'은 "시이군자탈신공개천명(是以君子奪神功改天命)"이라고 정의한다. "이것(풍수)을 이용하여 통치자(君子)는 신이 하는 바를 빼앗아 하늘이 인간에게 부여한 운명을 고친다"는 뜻이다. 여기서 군자(君子)는 성현이 아닌 한 공동체(가정에서 국가에 이르기까지)의 CEO 혹은 지도자를 의미한다.

트럼프는 "풍수란 사람이 살고 일하는 데 필요한 이상적인 환경을 창조하는 실천 기준을 제공해주는 것"이라고 풍수를 이해한다. 부동산 업자로서 그의 목적은 "풍수를 통한 부동산 가치의 극대화"였다. 그는 풍수사들의 자문에 따라 건물 입구 디자인을 주변과 조화를 이루게 하였다. 심지어 풍수사들로 하여금 빌딩을 축복하게 하고, 방송에 출연시켜 홍보하였다.

풍수의 개념 정의

풍수(風水)는 "바람을 갈무리하고 물을 얻는 다"는 뜻의 장풍득수(藏風得水)의 줄임말이 다. 이를 현대적 용어로 다시 풀어쓰면 다음 과 같은 4가지로 세부 정의된다.

① 터마다 성격이 다르다

터에는 여러 가지가 있다. 일터, 집터, 무덤 터, 굿터, 학교터, 장터, 놀이터….
무덤터(음택·陰宅: 무덤자리)로 적절한가?
집터(양택·陽宅: 집터)로 알맞은가?
'모텔(러브장)을 지어야 할 곳인가? 사찰을 지 어야 할 곳인가? 무덤을 쓸 자리인가?…' 등

그 용도를 결정하는 것이 풍수이다. 서구 학 술 용어를 빌려 쓰자면 '입지결정론'이다. 흔 히 이것을 풍수 고전들은 "택지(擇地)"·"상

그림 1

그림 2

지(相地: 땅을 본다)"로 표기한다. 예컨대 2022년 가장 뜨거운 주제였던 대통령 집무실의 용산 이전에 따른 수많은 질문들, 용산 터와 청와대 터 가운데 대통령이 머물 자리로서 어디가 더 적절한가도 같은 맥락이다.

다음 사진에 등장하는 산을 바라보는 곳의 풍수상 적절한 용도는 무엇일까?

바위로 골이 진 산이다〈그림 1〉. 나무가 잘 자랄 수도 없으며 비가 오면 그대로 흘러내리기 때문에 이러한 산은 인간의 삶에 실질적인 도움을 주지 않는다. 척박하고 건조하여 불기운(화기 · 火氣)이 강한 강한 산이다. 풍수술사들은 이와 같은 산의 형세를 흔군사(掀裙砂) 혹은 현군사(懸裙砂)라고 말한다. 여인들의 치마를 빨랫줄에 걸어 놓은 모습 혹은 치마가 바람에 흔들리는 모습과 같다는 뜻에서 붙은 이름이다. 한자로 점잖게 '흔군사' 혹은 '현군사'라 표현하였지만 진솔하게 표현하면 '미친년 치마 널뛰듯' 하는 형상이라고 옛 풍수사들은 이야기하였다.

전통적으로 지관(풍수사)들은 이러한 땅이 보이는 곳에 집을 짓고 살거나 무덤을 쓰면 사람이 음탕해지거나 음탕한 후손이 나와 망신을 당할 뿐만 아니라 재물도 잃게 된다고 하였다.

이러한 땅을 버려야 하는가? 사람이 살기도 안 좋은 땅이고 무덤 터로서도 안 좋은 땅이라면 이 땅을 버려야 할까? 버릴 땅은 하나도 없다.

현군사(흔군사)를 바라보고 지어진 건물이다. 무슨 용도의 건물일까? 독자들은 쉽게 파악할 것이다〈그림 2〉.

이렇게 산만한 기가 흐르는 곳은 '유흥업소(?)' 부지로 활용하면 좋다. 이렇듯 풍수 첫 번째 개념은 '터'를 구별하는 것이다.

일터, 굿터, 학교터, 집터, 무덤터, 놀이터… 터마다 인간과 궁합이 맞는 땅이 있다는 것이 풍수논리이다.

위와 같은 '터'이론(풍수이론)에 따르자면 여의도에 있는 국회의사당 터는 풍수상 어떨까? 상식적으로 우리가 알고 있는 여의도란?

−여의도는 한강이란 물로 싸여 있다.
−여의도는 바람이 세다.
−여의도는 모래땅이다.

위 3가지만 가지고서도 충분히 풍수적 해석을 할 수가 있다.

'산주인수주재(山主人水主財)'란 풍수 격언이 있다. '산은 인물을 키우고 물은 재물을 늘려준다'는 말이다. 한강이란 물로 싸인 여의도는 재물의 땅이다. 증권·금융 관련 기관들과 궁합이 맞는다. 사람들은 산보다는 물가에 놀러가기를 선호한다. 놀러가려면 돈이 있어야 한다. 두 번째 바람이 세다. 바람 따라 흘러가는 것이 풍문(風聞)이다. '지라시'의 근원지인 것도 적절하고 방송국이 있는 것도 이 땅과 어울린다.

셋째, 모래땅이다. 뭉치지 않고 자꾸 흩어진다. 소문이나 돈이나 자꾸 흩어져야 활성화된다. 반면, 국회는 국민의 뜻을 집합시켜 입법화하는 곳이다. 국회의원들의 타협과 협동 정신이 필요하다. 그러나 21세기 현재 대한민국에서 가장 낙후된 집단이 국회의원들이다. 국회의원은 돈보다 명예를 중시해야 한다. 위엄 있는 웅장한 산 아래 국회가 들어서야 한다. 원래부터 국회의사당 터가 나쁜 터는 아

니었다.

원래 그곳에는 여의도의 유일한 산 '양말산'이 있었다. 해발 43m 높이로 '양말벌'이란 명당(드넓은 들판)을 가진 곳이었다. 1916년 일제가 여의도비행장을 만들면서 일부를 깎았고, 1968년 여의도를 개발하면서 양말산 전체를 없애버렸다. 양말산을 두고 국회의사당이 들어섰더라면, 지금처럼 후진적 국회 모습을 보이지 않았을 것이다.

② 토지의 하중 능력 비교 평가이론

땅의 성격을 파악하였다고 가정하자. 특정 지역의 땅이 주택단지로 적절하다고 파악했다면, 이어서 할 일은 그 땅에 어느 정도 규모의 사람들이 살 수 있을까를 따지는 일이다. 작은 마을, 읍 단위, 소도시, 대도시, 혹은 도읍지가 들어설 만한 땅인가를 살피는데, 이때는 사산(四山: 청룡·백호·주작·현무)의 크기와 그 안에 형성되는 명당 방정(方正) 여부가 기준이 된다.

예컨대 4대문 안 서울의 경우, 사산(四山)인 북악산·인왕산·남산·낙산에 의해 둘러싸였으며 그 안에 광화문에서 청계천 좌우로 형성되는 평탄한 땅이 있음으로써 조선과 해방 이후 대한민국 수도가 된 것이다.

③ 동양적 고유의 공간배치 이론

풍수지리는 땅에 대한 용도 및 규모(하중능력)를 결정한 후, 선정한 입지, 그리고 그 위

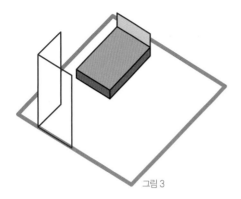

그림 3

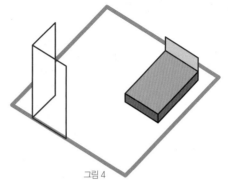

그림 4

에 세워질 도시 혹은 건축물의 공간구조 배치를 '동양고유의 합리성'(음양·오행·팔괘 및 풍수 고유의 논리)에 따라 정하는 이론이다. 작게는 주택의 경우, 대문(현관)·안방·부엌·침대·소파 등의 위치 등을 결정하는 데도 풍수이론이 적용된다. 크게는 도읍지의 경우, 궁궐을 어디에 지을까에도 적용된다. 조선초기 한양 도읍지 건설 당시 유명한 논쟁이 바로 '인왕산·북악산 논쟁'이었다. 법궁(法宮)을 인왕산에 세울까 북악산에 세울까 하는 것도 풍수 공간배치 이론 때문에 생겨난 것이다. 사회가 복잡다단한 지금에 이르러서 그러한 풍수 공간배치 이론은 사무실이나 공공건물에까지 확장·적용된다. 공간배치 이론은 유럽과 미국에서 인테리어에 적극 활용된다. 가장 초보적인 것으로 다음과 같은 침대 배치에도 길흉이 있다고 본다.

〈그림 3〉은 '죽은 자의 침대 배치'로 꺼려하고

〈그림 4〉는 이상적 침대 배치로 본다. 서양의 풍수지리는 단순히 가정집 공간 배치에 관심을 갖는 것이 아니라 사무실 공간 배치에도 적용하고 있다.

④ 비보진압풍수가 풍수의 핵심 개념

앞에서 '풍수란 무엇인가?'에 대해 설명했다. 서양의 입지선정론과 토목·건축학 그리고 인테리어와 유사하다. 그러나 풍수는 이보다 더 포괄적이다. 즉 심리적 및 생리적으로 피흉추길(避凶追吉)하려는 적극적 노력까지가 포함된다. 다름 아닌 비보진압(裨補鎭壓)풍수이다. 비보진압풍수는 다양하게 적용된다. 특히 기업 사옥의 '비보진압풍수'는 사운을 촉진할 수 있는 중요한 매개체가 된다.

대기업 사옥의 비보진압풍수는 중국·홍콩·싱가포르 등지에서 적극 활용된다. 그 전통이 아주 오래됐다. 중국에서 비보진압풍수를 잘 활용한 사업가는 호설암(胡雪巖:

KDB 타워 정문의 코끼리 석상(용산구 동자동)

1823~1885)이다. 가난한 농부 아들로 12세 때 홀어머니를 떠나 항주(杭州)의 어느 전장(錢莊: 금융업체)에서 허드렛일로 세상에 나선 그는 훗날 중국 최고의 상인이 되었다. 동시대인들은 그를 "살아 있는 재물의 신(活財神)"으로 모셨고, "정치를 하려면 증국번(曾国藩: 19세기 사상가·정치가)을, 장사를 하려거든 호설암을 배워야 한다"는 말이 있을 정도였다.

그의 성공에는 여러 가지 요인들이 있었는데, 그 가운데 하나가 풍수였다.

호설암이 풍수와 관련해 강조한 것은 세 가지이다. 첫째 적당한 위치, 둘째 깨끗하고 운치 있는 건축, 셋째 정교하고 단아한 실내장식, 이 세 가지만 주의하면 된다고 한다. 터와 건물 그리고 인테리어, 즉 풍수 전반에 관한 것이다. 그러나 대기업과 부자들에게는 선택의 폭이 넓지만, 중소 상인의 입장에서는 그리 쉬운 일이 아니다. 그렇다고 어려운 것은 아니다. 호설암은 말한다.

"기업이나 점포의 외관은 사람의 얼굴에 해당하기 때문에 최대한 깨끗하고 아름답게 꾸며야 한다. 이는 사업에 직접적인 영향을 주기 때문이다. (…) 사람은 얼굴을 보고, 나무는 껍질을 보며, 사업의 성패는 간판을 본다."(商經)

⑤ 국내 주요 사옥에 비보진압풍수 흔적이 드러난다

서울 용산구 동자동의 'KDB 생명타워' 앞에는 네 마리의 코끼리 석상이 있다. 사옥이 서쪽을 바라보면 불길하다는 '풍수 곡해(曲解)'에서 비롯된 것이다. 서쪽을 사신사(四神砂) 가운데 백호(白虎)로 오해한 것이다. 백호는 문자 그대로 해석하면 흰 호랑이이다. 흰색은 오행상 금(金)에 해당하며, 금은 쇠를 상징하기도 한다. 따라서 흰 호랑이(백호)는 강철과 같은 호랑이이다. 호랑이 가운데에서도 가장 무섭다. 이 무서운 호랑이가 건물을 노려보니 회사가 잘될 수 없을 것이라는 속설에서 이를 제압하기 위해 코끼리 석상을 세웠다는 것이다. 그런데 오행상 '金'을 쇠(鐵)로 보기도 하지만 문자 그대로 금(gold)으로 보기도 한다. 서향이 좋을 수도 있다. "전통적으로 한국의 큰 기업이 서울에서 동쪽으로 가지 않고 서쪽으로 가야 성공했다"라고 50년 넘게 주요 사옥들의 입지 흐름을 관찰한 세계적인 모자왕 백성학 영안모자 회장은 술회한다. 따라서 서향 건물이 회사 운에 결코 나쁘지 않다.

대신증권의 황우상(영등포구 여의도)

여의도 대신증권 사옥 앞에는 황소상이 하나 서 있다. KDB 타워 앞의 코끼리 석상에 아무런 설명이 없는 것과 달리 이곳 황소상 앞에는 친절한 설명문이 있다.

"황우(黃牛)는 대한민국 주식시장을 대표하는 상징물로, 증시 강세장을 뜻하는 불마켓(Bull Market)을 상징한다. 가장 한국적이면서도(…) 증권맨과 고객들이 황우를 만지면서 강세장을 기원하는 토테미즘(Totemism)의 대상이 되었다."

토테미즘은 비보풍수의 다른 표현이다. 실제로 현장에 가보면 사람들이 황우상을 만지기도 하지만, 그 설명문을 유심히 보면서 고개를 끄덕이는 장면도 심심찮게 본다. 조직원들에게 자신감을 심어주고 이를 통해 회사의 번영을 꾀할 수 있는 조각상이자 비보풍수물이다.

남산자락에 숭의여자대학이 있다. 학교 정문 위를 하얀색의 긴 철근 하나가 마치 고가(高架)처럼 가로지른다. 철근의 마지막은 뾰족하다. 조형물로서 그 뾰족한 부분이 노란 건물(R초등학교)을 향하고 있다. 이곳에는 유명 사립초등학교가 둘(R 및 S초등학교) 있는데 상호 경쟁 관계이다. 이 철근은 라이벌 초등학교 쪽을 향해 있다. 일부러 설치한 흔적이

숭의여자대학

경기도 이천의 치킨대학(BBQ 연수원)

유 말고도, 장차 BBQ가 치킨업계에서 세계 최고의 기업이 될 것이라는 염원이 담겼다. 전형적인 비보풍수의 현장이다. 닭석상이 세워지고 많은 사람들이 즐겨 찾는 명소가 되었다.

뚜렷하다. 전형적인 진압풍수이다. 실제로 이 조형물이 설치된 이후 S초등학교가 R초등학교를 앞서게 되었다고 한다. 전형적인 홍콩풍수의 흔적이다.

경기도 이천 '치킨대학(BBQ 연수원)' 입구에는 동양 최대의 닭석상이 세워져 있다. 제너시스BBQ 윤홍근 회장의 작품이다. 치킨대학에는 앞산 '저명산(猪鳴山 · 멧돼지 우는 산)'과 우측 산 너머 '암캥이산'이 자리하는데, 그 삼각지점에 치킨대학 터가 들어섰다. 풍수상 '삼수부동격(三獸不動格)'이 된다.

닭석상을 동양 최고로 만든 데에는 풍수적 이

한 시간에 끝내는 풍수

① 1000원권 지폐로 풍수 공부하기

현재 통용되는 1000원권 지폐 앞면에는 퇴계 이황의 초상화가, 뒷면에는 산수화 한 폭이 담겨 있다. 겸재 정선의 '계상정거도(溪上靜居圖)'이다. 겸재가 그렇게 명명한 것은 자신의 창작이 아니다. 퇴계가 쓴 시 가운데 "溪上始定居, 臨流日有省(시냇가 위에 비로소 거처 정하고, 흐르는 물 바라보며 날로 반성하네)"라는 문장에서 취했다. 진경산수화이다. 퇴계는 평소 터 고르기에 아주 신중하여 이사를 거듭거듭 하였다. 처음에는 청량산 중턱에 서당을 차렸으나 물이 부족하여 최종적으로 서당 터를 잡은 곳이 현재의 안동 도산서원 자리이다. 풍수에서 말하는 학교터에 부합하는 자리이다. 훗날 겸재 정선이 이곳을 찾아 강(낙동강) 건너에서 '도산서당'(현재는 도산서원으로 건물들이 증축되어 규모가 커짐)을 그린 그림이다.

1000원 지폐에 풍수 용어를 넣어보자.
그림에 표기된 대로 주산이 반듯하며 뭇 산을 통제한다. 그곳 주인이 공명정대한 정신으로 뭇 사람을 아우른다. 주산 뒤로 산들이 계속 이어진다(來龍). 내룡이 좋으면 나의 정치 철

내룡(來龍)	주산(主山)
백호(白虎)	청룡(靑龍)
	혈(穴)
	수구(다리와 배부분)

1000원짜리 지폐에 담긴 겸재 정선의 '계상정거도'와 풍수 용어

학이 사람들에게 지속적으로 전달된다. 그림 속의 좌청룡 우백호가 분명하다. 청룡은 명예를 상징하며, 백호는 재물을 주관한다. 명예와 재물운이 좋다. 주산 아래 집이 하나 있고, 사람이 하나 그려져 있다. 겸재가 퇴계 이황을 상정한 것이다.

	계상정거도	풍수적 해석
위치	경북 안동 도산서원	세계문화유산 등재
주산(현무)	반듯하다	그곳 주인이 권위를 갖는다
내룡(來龍)	있다	내룡은 地氣의 통로이며 자신의 철학이 대대로 이어진다
청룡/백호	비교적 아름답게 감싸고 있다	청룡은 남자와 명예, 백호는 여자와 재물의 기운을 주관한다.
안산(주작)	그림에서는 보이지 않으나 강 건너 시사단이란 언덕	안산은 나의 손님이나 부하를 의미
명당(明堂)	비교적 좁다	생산 공간 및 활동 공간 역할
명당수(明堂水)	개울물	명당수 유무는 재물운과 직접 관계
합수(수구/파구)	다리 부분	수구는 氣(명예/재물)를 모아주는 역할
수구 처리	다리와 배	수구 처리가 잘되어 기운생동(氣韻生動)
혈(穴)	사람이 동쪽을 향해 앉아 있는 집	제자리를 차지하고 있다.
총평	퇴계 이황을 상정하고 겸재 정선이 그린 도산서원	산과 물이 균형과 조화를 이룬 길지. 그러한 까닭에 도산서원이 국내 최고의 지위를 차지하고 지금까지 이어짐

	그림 1	그림 2	그림 3	풍수적 해석
주산(현무)	없다	있다	있다	主山은 건물이나 그 땅의 중심축을 이루며, 주인의식, 主權 유무를 가늠한다.
내룡(來龍)	있다	있다	있다	내룡은 地氣의 통로이며 자손의 번창 여부를 주관한다.
청룡/백호	있으나 무력하다	아름답게 감싸고 있다	바위가 청룡/백호 역할을 한다	청룡은 남자와 명예, 백호는 여자와 재물의 기운을 주관한다.
안산(주작)	있다	있으나 사진에서는 보이지 않는다	무덤 앞 바위가 안산 역할	안산은 나의 손님이나 부하를 의미
명당(明堂)	없다	넓고 평탄하다	무덤 앞 작은 공간	생산 공간 및 활동 공간 역할
명당수(明堂水)	있다	있다	없다	명당수 유무는 재물운과 직접 관계
합수(수구/파구)	있다	있다	보이지 않음	수구는 氣(명예/재물)를 모아주는 역할
혈(穴)	있으나 쓰이지 않음	푹 꺼진 부분으로 무덤이 있음	무덤이 있음	
중조산/태조산	있다	있다	보이지 않음	조상과 선배의 보우하심 여부
기운생동 여부	무력한 땅이다	기운생동하다	바위로 만들어진 괴혈(怪穴)	명당발복 여부를 판단하는 중요한 기준
길흉 판단	산 전체가 죽은 땅(死龍)으로 쓸모가 없는 땅이다. 까닭에 이곳에는 혈에 무덤이 없다.	태조산, 주산, 혈, 좌우 청룡백호 명당, 명당수가 고루 갖추어져 묘지로서는 좋은 길지이다. 명당발복이 크고 오래간다.	아주 작은 공간에 자연석들로 풍수 공간을 만든 특이한 혈(怪穴)이다. 명당발복이 신속하나 그 역량은 작다.	—

집을 풍수에서는 혈(穴)이라고 한다. 제자리를 잡고 있다. 대통령이라면 대통령으로서 자기 본분을 다한다. 집 옆과 백호 사이로 작은 개울물이 흐른다. 물은 재물을 가져다준다. 재물운이 좋다. 대통령이 좋은 집무실에 자리하면 그 나라 경제를 호전시켜 국민과 국가를

부자가 되게 한다.

좌우 청룡백호가 끝나는 지점(풍수 용어로 수구·水口)에 다리 하나가 놓여 있고 그 아래 큰물(낙동강)에는 배 한 척이 있다. 청룡과 백호가 끝나는 지점 사이로 흐르는 개울물 위 다리는 이쪽과 저쪽을 이어주는 역할을 한다.

분열된 국민을 하나로 잇는 다리이다.
다리 아래 배를 어부가 끌어들여 묶고 있다.
배는 떠나가는 배보다 들어오는 배가 좋다.
화물을 싣고 오기 때문이다. 서원 앞에 큰물
은 낙동강이다. 큰물을 따라 내려가면 더 큰
강으로 이어지고 종국에는 바다로 간다. 해외
로 진출한다. 위 그림은 산과 물을 모두 갖추
고 있다. 산은 인물을 기르고 물은 재물을 늘

려준다(山主人 水主財).

위 그림을 도표로 만들고 간단하게 풍수설명
을 하면 다음과 같다. 풍수공부의 전부다.

② 실제 무덤 사진으로 풍수 배우기
아래 3개의 사진은 우리 주변에서 볼 수 있
는 묘지 풍수의 기본 명당 모델이다.〈그림 1.
2. 3〉

그림 1

그림 2

그림 3

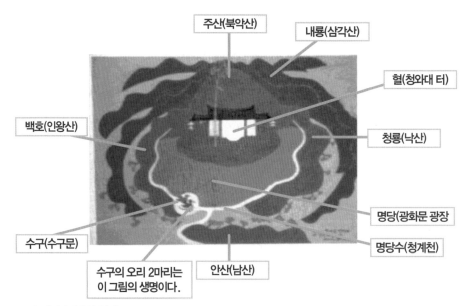

주산(북악산)

내룡(삼각산)

혈(청와대 터)

백호(인왕산)

청룡(낙산)

명당(광화문 광장

수구(수구문)

명당수(청계천)

수구의 오리 2마리는
이 그림의 생명이다.

안산(남산)

그림 4 홍성담 화백의 '명당도'

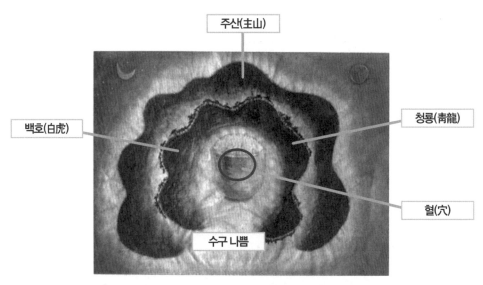

주산(主山)

백호(白虎)

청룡(靑龍)

혈(穴)

수구 나쁨

그림 5 홍성담 화백의 '풍수, 장풍득수'

이를 확대하면 마을 · 중 · 소 · 대도시 · 도읍지가 된다.

③ 그림으로 풍수 배우기

왼쪽 두 그림은 홍성담 화가가 풍수를 주제로 하여 그린 그림이다(참고로 홍성담 화가와 필자는 함께 풍수 공부를 하였고, 아래 두 그림은 풍수를 염두에 둔 명당도이다. 따라서 홍성담의 풍수론과 필자의 것은 같다).

④ 풍수 용어 익히기

풍수 서적을 보면 한자어로 된 수많은 풍수 용어가 등장하지만, 실제로 풍수 공부는 10여 개의 용어만 알면 충분하다. 위 그림들에 표기한 용어들을 정리하면 다음과 같다.

· 혈(穴): 그림에서 혈이라고 하는 부분에 사람이 살 집이나 무덤(서울의 경우 청와대와 경복궁)

· 청룡(靑龍): 혈의 왼쪽 산(산에 등을 대고,

	그림 4	그림 5	풍수적 해석
주산(현무)	없다	있다	主山은 건물이나 그 땅의 중심축을 이루며, 주인의식, 主權 유무를 가늠한다.
내룡(來龍)	없다	있다	내룡은 지기의 통로이며 자손의 번창 여부를 가늠한다.
청룡/백호	있기는 하지만 골이 졌다	비교적 아름답게 감싸고 있다	청룡은 남자와 명예, 백호는 여자와 재물의 기운을 주관한다.
안산(주작)	없다	있다	안산 유무에 따라 나의 부하 혹은 뜻을 같이하는 동료가 있고 없음을 나타낸다.
명당(明堂)	좁다	넓고 평탄하다	명당 유무에 따라 생산 · 활동 공간의 대소가 결정된다.
명당수(明堂水)	있다	없다	명당수 유무에 따라 재물의 유무가 좌우된다.
합수(수구/파구)	있다	없다	수구의 유무에 따라 기운(재물)의 누설 여부가 결정된다. 수구가 좋으면 재물이 쌓인다.
혈(穴)	밥그릇이 있는 부분	기와집과 그 안의 밥그릇	화룡점정(畫龍點睛)의 자리로서, 혈이 있어야 비로소 명당 발복이 이루어진다.
중조산/태조산	없다	있다.	-
총평	바람이 많고 변화가 많을 것이다. 건조할 것이다. 척박할 것이다. 밥이 쉽게 식을 것이다. 찬밥을 먹을 것이다.	사방이 포근하게 감싸고 있다. 적절한 수분 습도가 유지될 것이다. 보온과 장풍이 잘될 것이다. 따뜻한 밥을 먹을 것이다.	-

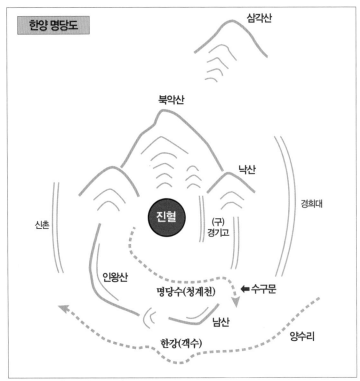

한양 명당도

삼각산

북악산

낙산

경희대

신촌

진혈

(구)
경기고

인왕산

명당수(청계천)

← 수구문

남산

한강(객수)

양수리

청와대 · 경복궁을 둘러싼 풍수 공간

즉 背山 기준, 서울의 경우 낙산)

• 백호(白虎): 혈의 오른쪽 산(서울의 경우 인왕산)

• 안산(案山): 혈 앞의 산(서울의 경우 남산), 객산(客山), 주작(朱雀)이라고도 한다.

• 주산(主山): 중심이 되는 산, 혈 뒤쪽의 산 (서울의 경우 북악산), 현무(玄武)라고도 한다.

• 내룡(來龍): 혈과 주산 사이에 이어지는 산 능선(서울의 경우 북악산에서 경복궁으로 이어지는 산 능선)

• 명당(明堂): 혈 앞에 펼쳐지는 드넓은 들판 (서울의 경우 광화문 시청광장 일대) (명당에는 두 가지 의미가 있다. 하나는 좁은 의미로서 혈 앞에 펼쳐지는 드넓은 들판을 뜻 하며 풍수 전문가들이 사용하고, 다른 하나는 좋은 땅을 총칭하는 말로서 일반인들이 주로 사용한다.)

• 명당수(明堂水): 명당을 관통하여 흐르는 물(서울의 경우 청계천)

• 수구(水口): 합수(合水), 파구(破口)라고도

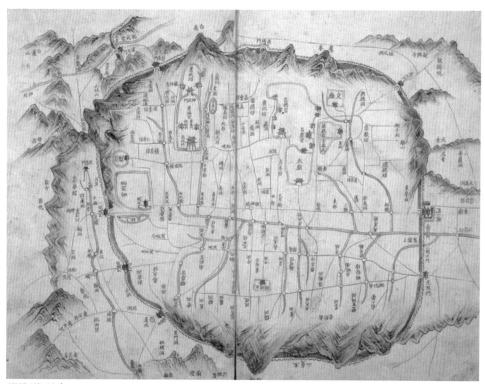

김정호의 '도성도'

하며, 혈 앞에 두 물이 합해지는 점(서울의 경우 수구문이 있던 곳, 현재 동대문운동장 부근)

• 조산(祖山): 할아버지 산으로서 주산 뒤에 있는 높고 큰 산으로 태조산·중조산·소조산 등으로 나뉜다. 서울의 경우 태조산은 백두산, 중조산은 삼각산, 주산은 북악산이다.

• 조산(朝山): 혈을 향해 공손하게 예의를 갖추는(朝) 산으로 안산 밖의 좀 더 높고 큰 산을 말한다. 서울의 경우 관악산이 이에 해당된다.

• 객수(객수): 명당수가 수구를 빠져나가 큰 물이 되는 것(서울의 경우 한강)

이를 바탕으로 경복궁·청와대 터의 풍수 공간 모델을 그림과 고지도로 표기하면 다음과 같다.

풍수 심화 학습

앞장에서 그림과 사진을 통해 풍수를 쉽게 접근하는 방법을 배웠다. 그런데 막상 본격적으로 풍수 공부를 하려고 서점에서 풍수책을 사 보면 첫 장부터 아래와 같은 한자투성이 복잡한 그림과 맞닥뜨린다. 한반도의 지형지세를 참고하여 풍수 설명이 되어야 하는데, 중국책 그대로를 직수입하여 소개하다 보니 그렇게 어렵게 여겨진다.

① 세한도

이번에도 우리 땅에서 만들어진 그림을 바탕으로 풍수 심화학습을 해보자.

'세한도(歲寒圖)', 누구나 잘 아는 그림이다. 사람들은 맹목적으로 그 그림이 훌륭한 작품일 것이라고 생각한다. 과연 그러한가? 풍수적 관점에서 '세한도'를 공부해보자.

풍수의 핵심 요소는 2가지가 있다. 산과 물(水)이다. '산은 인물을 주관하고(山主人), 물은 재물을 늘려준다(水主財)'는 풍수의 핵심 명제이다.

이를 바탕으로 '세한도'를 풍수적 관점에서 읽어보자.

우선 집 주변에 산이 없다. '산은 인물을 주관

'세한도'

한다'는 풍수 명제에 따르면 인물이 날 수 없
는 터이다. 그리고 주변에 물길도 보이지 않
는다. 재물이 없는 땅이다. 인물도 키우지 못
하고 재물도 늘리지 못할 땅이다. 농경사회의
최적 조건인 배산임수(背山臨水)의 땅도 아니
고, 상업도시의 최적 조건인 배수면가(背水面
街)의 땅도 아니다. 굶어 죽기에 좋은 땅이다.
그래서 조선 조정은 그러한 땅으로 유배를 보
낸 것이다. 유배지가 좋은 땅일 리 없다.
그뿐인가? 집은 주변 대지보다 낮다. 비가 오
면 빗물이 그대로 집으로 유입될 것이다. 바
닥은 습하다. 습한 곳에 지네 등 독충들이 득
시글거린다. 피부병에 걸리기 쉽다. 빨리 병
들어 죽으란 뜻이다. 게다가 집 주변 나무들
의 식생은 어떠한가? 앙상한 가지들이다. 나
무도 먹고살기 힘든 땅이다. 나무뿌리들이 지
표면에 드러나 있다. 땅속으로 들어가지 못하
고 있다는 뜻이다. 뿌리를 내릴 수 없는 땅이
다. 식물도 그러할진대 사람이 그 땅에 정착
할 수 있겠는가? 땅 위로 뻗어나간 뿌리가 방

구들장에 침범하면 집에 균열이 생긴다.
이래저래 최악의 흉지 가운데 흉지이다.
풍수의 '세한도' 관법(觀法)이다.
땅을 직관하는 풍수사만이 세한도를 흉지로 보
는 것은 아니다. 시인의 직관도 그렇다.
시인 백무산의 '세한도' 그림에 대한 시는 탁
월하다. 시 앞부분이다.

"왜 그렸을까
　집을 그리워하는 마음이 앞서 그랬을까
　목수가 보면 웃을 그림을 그렸을까
　풍수가 보면 혀를 찰 집을 그렸을까
　늙은 소나무 부리 위에 집을 짓다니
　숲 그늘 습한 땅에 터를 잡다니
　범위도 살피지 않고 지형도 살피지 않고
　주위 땅이 더 높아 비만 오면 물이 콸콸
　집 안으로 쏟아질 참인데(…)"

－ 백무산, '초심'(실천문학사, 2003)－
백무산 시인은 진정 풍수 대가이다.

② 화가 황주리의 '그대 안의 풍경'

오른쪽 그림은 현재 왕성하게 활동하는 황주리 화가의 '그대 안의 풍경'이다. 풍수로 그림을 읽어보자. 그림으로 풍수를 설명하니, 독자들께서 '그림과 풍수를 엮는다는 것은 너무 억지 아니냐?'라고 반문할지 모르겠다. 그렇지 않다.

그림과 풍수는 전통적으로 밀접한 관계를 맺어 왔다. 원나라 화가 황공망(黃公望)은 "그림에도 풍수가 존재하는데, 수구(水口) 그리기가 가장 어렵다"고 하였다. 수구란 좌청룡 우백호가 만나는 지점으로 물이 빠져나가는 곳이다. 한양의 경우, 남산과 낙산 끝자락이 만나는 광희문(수구문) 부근이 수구이다. 사람들의 자연스러운 통로이자 기가 드나드는 통로(기구 · 氣口)가 된다. 기운생동(氣韻生動)한 그림은 수구가 잘 형상화되어야 한다. 청나라 화가 고병(高秉)은 "그림을 그릴 때 풍수를 또한 따져야 한다"고 하였다. 상하이미술관 부관장을 지낸 딩시위안(丁義元: 1942~)은 "바람(風)은 기(氣)의 움직임이며, 물(水)은 기가 뭉친 것"으로 풍수를 정의한다. "좋은 그림은 풍수의 본질인 기가 생동적으로 형상화되어야 한다"는 것이 그의 지론이다. "풍수가 잘 형상화된 그림은 상서로운 기운이 서려 영물이 되며, 그것을 감상하거나 소장하는 사람의 길흉화복을 좌우한다. 그림을 걸어 두거나 배치할 때도 공간적 · 시간적 원칙이 있다. 함부로 아무 데나 걸어서는 안 된다."('예술풍수)

딩시위안은 황공망이 강조한 수구 개념을 '기구'로 계승 발전시킨다.

황주리 화가의 그림 '그대 안의 풍경'은 수구와 기구를 어떻게 처리하였을까? 수구(水)와 기구(風)가 분리되어 2중으로 나타난다. 통통하게 살이 찐 여인(?)이 두 손으로 커피잔을 들고 있다. 커피가 가득 찬 것으로 보아 마시기 전이다. 커피의 따뜻함이 손을 통해 온몸으로 전달된다. 그 따뜻함은 '자전거를 탄 연인들'을 상상하게 한다. 아마도 커피를 든 여인의 소망이리라. 수구는 바로 커피잔이다. 여인의 두 팔은 좌청룡 우백호이다.

그림 속의 '자전거를 탄 연인' 장면은 여인의 머리에 해당하는 부분이다. 풍수에서 말하는 기가 뭉친 곳(혈 · 穴)이자 여인이 갈망하는 바이다. '그림 속의 그림'이다. '그림 속의 그림'에도 수구나 기구가 있어야 한다. 무엇일까? 다름 아닌 비둘기이다. 1970년대 히트송인 이석의 '비둘기 집'에서 "비둘기처럼 다정한 사람들이라면~"이란 가사를 연상하기에 충분하다. 비둘기가 자전거를 탄 연인을 마주하여 날아가고 있다. 비둘기는 사랑의 기운을 넣어 주는 기구(氣口)이다. 연인은 도시의 고층 아파트를 떠나 "메아리 소리 해맑은 오솔길을 따라 산새들 노래 즐거운 옹달샘터"를 찾아 달려간다. 그곳에 "포근한 사랑 엮어 갈 그런 집"을 짓기 위해서이다. 위에서는 '비

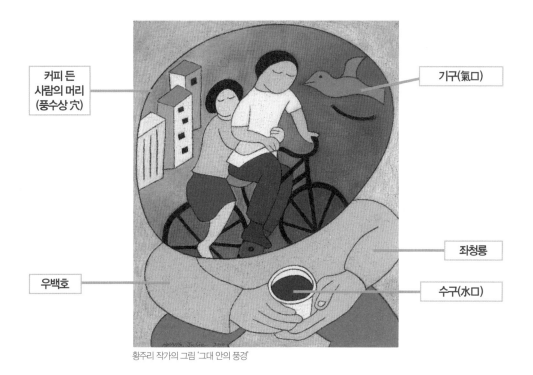

커피 든
사람의 머리
(풍수상 穴)

기구(氣口)

좌청룡

우백호

수구(水口)

황주리 작가의 그림 '그대 안의 풍경'

둘기'가 기를 넣어 주고(기구·氣口), 아래서는 커피잔이 기의 누설을 막아 주는 수구(水口)가 있다. 풍수상 가장 좋은 기를 형상화한 '재수 좋은 그림'이다.

이 그림이 풍수적으로 좋은 이유는 또 있다. 그림의 주색이 고채도, 특히 빨강·노랑·파랑이다. 빨간색은 재물을 늘려주는 기운이 있고, 노란색은 건강과 권력을 가져다주는 기운이 있다. 동서고금을 통해 최고의 권력자는 노란색 옷을 입고 황금 궁전에서 살았다. 노란색은 멜라토닌 분비를 촉진시켜 숙면을 유도한다. 자연스럽게 건강해진다. 파란색은

사람을 보는 안목을 좋아지게 한다. 귀인을 만나게 한다. 빨강·노랑·파랑이 주색인 그림이 재수가 좋은 그림이 되는 이유이다.
이러한 그림을 인테리어 소품으로 거실에 걸어 놓으면 저절로 복이 들어온다.

③ 중국 옛 산수화를 통한 사주
뒷장의 그림은 중국 송나라 때 그려진 작자 미상의 '송간금수도(松澗禽獸圖)'로서 현재는 미국 미술관에 소장된 1000년 넘은 그림이다.

이 그림은 시간과 공간이 잘 구현된 그림이

수구(水口)막이
바위

다. 흔히 풍수를 '공간의 철학', 사주를 '시간의 철학'이라고 말한다.

우선 '시간의 철학' 관점에서 이 그림을 살펴보자. 그림 속에 새가 4마리 있다. 4마리일까, 1마리일까? 새의 머리 방향을 보면 일정한 방향성이 있다. '수구막이 바위'에 앉은 새가 얼마 후 비상(飛上)한다. 그러다가 장애물에 막혀 선회한다. 그러나 무한정 상공으로 올라갈 수 없다. 소나무 아래 바위에 내려앉아 다시 '수구막이 바위' 새를 바라본다. 1마리 새의 연속 동작이다. 한 사람의 일생을 상징한다. '수구막이 바위'에 앉은 새는 미래를 계획하는 청소년기이며, 이후 사회에 진출한다. 자기가 하는 일이 무엇인가 장애물에 부닥치거나 적성이 안 맞으면 새로운 직업이나 분야로 방향 전환을 한다. 그러나 언제까지 그렇게 인생을 살 수 없다. 나이가 들어 사회활동을 마치게 되면 이제는 차분히 내려앉아

자기가 출발했던 그곳을 관조하거나 가야 할 곳이 어디인지 생각한다. 한 사람의 '라이프 사이클(life cycle)'을 새 4마리의 움직임으로 표현했다.

주역적 사고가 반영된 그림이다. 서로 다른 4마리로 볼 수 있지만 1마리 새가 시간의 흐름에 따라 움직이는 과정으로 해석하였다. 비상하고 선회하고 착지하고 관조하는 결정적 순간마다 자신의 행위의 길흉과 옳고 그름을 판단해야 한다. 이른바 주역의 "길·흉·회·인(吉凶悔吝)" 정신이다. 길흉회인을 따지는 것이다. 새의 비상에 변화가 생기는 지점은 점치는 순간들이다. 길(吉)하면 기존의 인생길을 계속하고, 흉(凶)하면 그 길을 포기한다. 길할 것 같지만 아쉽거나(悔), 흉할 것 같으나 미련이 있으면(吝) 비상의 방향을 바꾸어야 한다.

'수구막이 바위'에 비상을 한 것은 길(吉)할 듯 하니까 동작을 개시한 것이고, 방향을 선회한 것은 아쉽거나(悔) 미련이 있을 때(吝)이며, 더 이상 비상을 그만두고 소나무 아래 바위에 앉은 것은 더 이상의 비상이 흉(凶)할 것으로 판단했기 때문이다.

이제 '시간의 철학'이 아닌 '공간의 철학' 즉 풍수적 관점에서 이 그림을 읽어보자.

가까이서 그려진 그림이라 주산이나 안산 등은 보이지 않으나, 산이 중후해 보인다. 중후한 인물들이 배출되는 땅이다. 큰물이 힘차

게 내려온다. 왕성한 재물의 땅이다. 만약 그림의 '수구막이 바위'가 없다면 힘차게 흐르는 물은 그대로 빠져나갈 것이다. 그 경우, 재물이 모이지 않는다. '수구막이 바위'가 있음으로써 물이 바위를 휘감으면서 포말(泡沫)을 일으킨다. 재물이 넘치는 땅이다. 이 그림을 기운생동하게 하는 것은 바로 이 수구막이 바위다. 새(인간)도 그 '수구막이 바위'에서 인생을 준비하고 기반을 다진다.

그림에서 소나무가 압도적이다. 산수화에서 소나무는 종로(宗老: 가문의 큰 어른)에 해당된다. 소나무(松)는 나무(木) 가운데 공작(公)으로 계급이 최고로 높다. 임금 무덤(陵)에 소나무가 주종을 이루는 까닭이다. 산수화에 소나무가 없으면 가격이 떨어진다. 소나무가 없는 땅은 왕기(旺氣)와 왕기(王氣)가 없는 땅이다. 이와 같은 땅이라야 진정 기운생동한 땅이자 길지에 해당된다.

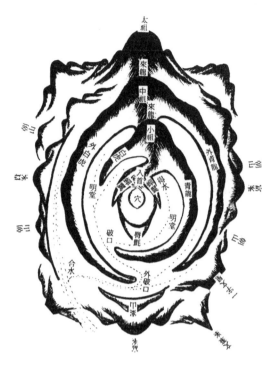

중국의 풍수서에 소개된 명당 공간 모델

④ 현대인을 위한 '명당 만들기'

21세기 첨단 과학 문명의 시대에 풍수가 무슨 의미가 있는가?

옛 풍수 이론으로 말하는 것도 좋지만, 앞에서 풍수로 성공한 대표적인 부동산 재벌이자 미국 전 대통령의 풍수론을 빌려서 풍수의 효용을 말하고자 한다.

트럼프의 풍수의 핵심은 "신비한 분위기(mystical aura)"를 만드는 것이다. 풍수에서 말하는 이른바 생기(生氣: vital energy)

를 타게 하는 것이다. 그렇게 함으로써 트럼프가 지은 건물들에 세계적인 명사와 부호들이 입주하면서 그도 세계적인 부자가 되었다. 일부러 언론에 광고를 내는 것보다 생기가 가득한 땅과 건물을 만들어 사람들이 꼬이게 한 것이다. 마치 화려한 꽃을 피우게 함으로써 벌과 나비들이 찾아오게 하는 것과 마찬가지다. 강변을 따라 수많은 아파트와 단독주택들이 들어서는 것도, 마천루가 하나둘씩 올라가는 것도 그 예이다. 거기에다 트럼프가 활용하였던 세부적인 '명당 만들기' 방법들은 앞으로 한국뿐만 아니라 전 세계 토목·건축·조경·도시계획을 바꿀 것이라는 것도 충분히 예상 가능하다.

트럼프의 '명당 만들기'는 전적으로 새로운 것인가? 전혀 그렇지 않다. 이른바 '비보진압(裨補鎭壓)풍수'의 현대적 버전이자 응용이다.

비보진압풍수란 무엇인가?

비보진압풍수는 풍수지리의 핵심 내용 가운데 하나로서 불완전한 땅 혹은 문제가 있는 땅을 완벽하게 고쳐 쓰는 행위를 말한다. 풍수는 땅의 성격을 파악하여 용도를 결정하는 일(擇地), 선정된 땅에 대한 공간 배치, 그리고 마지막에 무엇인가 부족하거나 지나친 점이 발견되었을 때 그것을 고치는 작업, 이 3가지가 주 내용이다. 비보풍수는 바로 이 세 번째에 해당된다. 비보는 부족한 것을 보충하여 완벽한 것으로 만드는 것을 말하며, 진압이란 지나친 것을 억누르거나 깎아서 완벽한 것으로 만드는 것을 말하는데, 진압은 염승(厭勝) 혹은 압승(壓勝)이라고도 한다.

억강부약(抑强扶弱)의 다른 표현이다. 억강(抑强)이란 지나치게 강한 것을 억제하고, 부약(扶弱)이란 지나치게 약한 것을 돋워주는 것을 말한다.

비보진압풍수에 대한 기록은 이미 풍수 초기 고전에서 나타난다. '청오경'에서 "나무와 풀이 울창 무성하고, 길한 기운이 서로 따르는데, 이러한 내외(內外)와 표리(表裏), 즉 울창한 초목과 그에 상응하는 좋은 기운은 자연적일 수도 있고, 인공적으로 그렇게 만들 수도 있다(草木鬱茂, 吉氣相隨, 內外表裏, 或然或爲)"고 하여 인위적으로 좋은 기를 만들 수 있음을 말하고 있다. 초목이 언급되는 것을 보면 나무를 심어 좋은 기를 조성할 수 있다는 의미이다. 지금도 주변에서 볼 수 있는 수많은 비보풍수 가운데, 비보 숲이나 당산나무 조성도 여기에 해당된다. 트럼프도 모범적으로 이것을 활용했다.

풍수 고전 '장서(금낭경)'는 비보진압풍수를 다음과 같이 정리한다.

"눈으로 잘 살피고, 인공적 방법으로 터를 잘 갖추어, 완전함을 좇고 결함 있는 것을 피하되, 높여야 할 곳은 높이고, 낮추어야 할 것은 낮추는 것이 3번째의 길함이다(目力之巧, 工力之具, 趨全避闕, 增高益下, 三吉也)."

비보풍수를 철학적으로 정리한 것은 송나라 때 나온 풍수서 '발미론(發微論)'이다.

"하늘은 사람이 의지하지 않은 바 아니요, 사람은 하늘이 만들어 내지 않은 바가 아니다. 우주가 절로 있은즉 산천이 있는 것이며, 운수가 더 많이 보탤 수도 없고 인간이 적게 보탤 수도 없다. 반드시 하늘이 자연을 낳게 한 뒤 그와 같으니, 천지의 조화 역시 유한한 것이다. 산천의 융결은 하늘에 있고, 산천의 재성(재량하여 성취함)은 사람에 있다. 경우에 따라 그것에 지나침이 있으면, 그 지나침을 마름질하여 그 적절함(中)에 맞추고, 경우에 따라 미치지 못함이 있으면, 그 부족함에 덧보태 그 적절함에 맞춘다. 긴 것을 자르고, 짧은 것을 보완하고, 높은 것은 덜고, 낮은 것은 덧보태니 당연한 이치가 없을 수 없다. 그 출발점은 눈으로 잘 살피고(目力之巧), 인공의 방법으로 (터를) 잘 갖춤에 지나지 않지만, 그 마지막에 이르러서는 하늘의 하는 바(神工)를 빼앗아 천명을 바꿈에 있게 되어, 사람과 하늘의 (하는 바가) 차이가 없게 된다(夫天不人不因, 人不天不成之, 自有宇宙卽有山川, 數不加多, 人不加少. 必天生自然而然是, 則天地之造化亦有限矣. 是故, 山川之融結在天而山川之裁成在人. 或過焉, 吾則裁其過使適於中, 或不及焉, 吾則益其不及使適於中, 裁長補短, 損高益下, 莫不有當然之理. 其始也, 不過目力之巧 工力之具. 其終也, 奪神工改天命而人與天無間矣)."

이러한 비보진압풍수의 전통을 현대적으로 그리고 획기적으로 수용한 자가 부동산업자로서의 트럼프다. 트럼프가 부동산 개발에서 가장 중시하는 것 3가지가 있다.

그 3가지란 다름 아닌 "입지(location)·입지·입지"이다. 그만큼 입지가 중요하다는 뜻이다. 그런데 트럼프의 입지 결정에서 가장 중요한 것은 "뛰어난 전망"을 확보할 수 있는가다. "전망을 최대한 활용하여 아주 특별한 건물을 지어라"라는 것이 트럼프의 핵심 철학

이다. 전망이란 '내다보이는 풍경'을 말한다. 트럼프가 최고의 전망으로 꼽은 것은 무엇일까.

첫 번째가 강이나 바다, 즉 물이다. 풍수에서 '물은 재물을 주관한다'고 하였다. 1970년대 중반, 트럼프가 뉴욕에서 부동산 개발을 시작할 때 남들이 거들떠보지 않던 땅에서 그는 성공 가능성을 찾았다. 다름 아닌 허드슨 강변의 버려진 땅이었다. "뉴욕에 있는 여러 부동산들 중 가장 나의 마음을 매료시켰던 것은 59번가에서 시작해서 72번가까지 허드슨강을 따라 쭉 이어진 거대한 철도 부지였는데, 그것은 당시만 해도 쓸모없이 방치되어 있었다." 트럼프는 이곳이 전망이 좋아 분양과 임대에 강점을 지닐 것으로 판단하였다. 모든 아파트를 서쪽이나 동쪽 혹은 양쪽 모두 허드슨강 쪽으로 시야가 탁 트이도록 지으면 전망이 좋을 뿐만 아니라 건물 자체가 장엄하고 멋지게 보일 것이다. 거기에다가 세계 최고층 빌딩을 짓는다면 금상첨화가 될 것이라고 생각하였다.

트럼프의 이러한 기본 철학은 이후 모든 부동산 개발 및 빌딩건축에 적용된다. 예컨대 뉴욕 웨스트 34번가부터 39번가 사이에 있는 두 개의 부지를 매입한 것도 바로 강이라는 전망이 있었기 때문이다. 1997년 트럼프는 유엔본부 맞은편에 있는 허름한 2층 건물을 발견한다. 미국 엔지니어링협회가 소유하여 본부로 활용하고 있었는데, 47번가와 48번

뉴욕 명물인 크라이슬러 빌딩과 트럼프월드타워(오른쪽 검은 빌딩)

가 사이에 있었다. 이스트리버라는 강이 훌륭한 전망을 제공할 것으로 판단한 트럼프는 이곳을 구입하여 '트럼프월드타워'(90층 높이지만 실제로는 72층)를 완공하여 5성급의 호화로운 아파트로 성공시킨다.

둘째, 입지가 좋다면 트럼프는 프리미엄 지급도 마다하지 않는다. "50~100%까지 돈을 더 주고서라도 기꺼이 땅을 구입하라"라는 것이 트럼프의 지론이다. '트럼프월드타워'가 세워진 엔지니어링협회 건물도 마찬가지였다. 터무니없이 요구하는 가격을 트럼프는 기꺼이 지불하였다.

뉴욕 월스트리트 40번지에 있는 '트럼프오피스빌딩'도 높게만 지으면 뉴욕항이 잘 보일 것이라고 확신하고, 그 땅을 구입하기 위하여 소유주가 사는 독일까지 직접 가서 협상을 벌여 성사시킨다. '웨스트사이드타워' 역시 허드

슨강이란 전망 때문에 건설되었다.

셋째, 자연적인 전망이 없을 경우 전망을 만든다.

이것이 바로 전통풍수론에서 말하는 비보진압풍수이다. 트럼프는 "미켈란젤로가 대리석 조각에 취미가 있었듯이 땅을 조각하는 데 취미가 있는 사람도 있다"고 하였다. 바로 그 자신이 그렇다. 트럼프는 "모든 것은 변할 수 있다"고 확신하는 사람이다.

트럼프의 인위적 전망 만들기에는 어떤 방법이 있을까?

첫째, 출입구를 경관이 아름다운 곳, 즉 강이 있는 쪽으로 낸다.

둘째, 전망 확보를 위해 대지를 인위적으로 높인다.

셋째, 더 확실한 전망 확보의 방법으로 마천

루(초고층 아파트)를 짓는다. 건물을 높게 지으면 지을수록 전망도 더 좋아지고 아파트에 대한 값을 더 많이 매길 수 있다. 그에게 마천루는 '돈 버는 기계(machine for making money)'였다. 한때 미국에서 가장 높았던 '트럼프타워'도 그와 같은 발상에서 건축되어 성공시켰다('트럼프타워'는 영화감독 스티븐 스필버그가 입주하면서 유명세를 탔고, '어프렌티스 · The Apprentice'란 NBC TV 프로그램을 통해 이 빌딩이 소개되면서 더 유명해졌다).

넷째, 전망을 좋게 하는 또 하나의 인위적 방법은 빌딩 벽면의 다면화이다. '트럼프타워'는 '톱니 디자인' 식으로 빌딩을 28면으로 하였다. 들쭉날쭉한 톱니바퀴 모양의 건물 외벽은 기존의 박스형 건물들보다 더 많은 시야를 확보함과 동시에 시각적으로 외부인들의 관심을 끄는 효과를 가져온다. 외부에서 바라볼 때 인상적이고 눈에 띄는 빌딩이 되며, 내부에서는 전망을 확대시켜 준다. 우리나라에도 몇 개의 트럼프빌딩이 있다. 용산과 여의도의 '트럼프타워' 역시 한강이란 강을 조망으로 하되 다면체로 하여 전망을 더 확대하였다.

이러한 벽면의 다면화는 풍수의 환상적 응용이다. 풍수에서 가장 이상적인 건물 벽면은 원형 · 팔각형 · 육각형 · 오각형 · 사각형(정사각형 · 직사각형 · 마름모꼴) · 삼각형 순이다. 과거에는 원형 건물을 짓기에 기술적 어려움이 있기에 고작 8각형이 최선이었다. 벽

면을 다면화하는 것은 시공상 어려움이 많은데다가 표면적이 넓어지므로 더 많은 재료와 공사 기간을 필요로 한다. 트럼프는 좋은 재료에 돈 쓰는 것을 서슴지 않았다. 대신 공기 단축을 통해 공사비를 줄였다. 공기 단축을 위해서 보너스 제도를 활용한다. 단 며칠만이라도 공사 기간을 줄이면 그만큼 인건비를 줄일 수 있다는 것이 트럼프의 지론이다.

다섯째, 트럼프는 리노베이션을 전망 만들기의 좋은 방법으로 보았다. 리노베이션은 신축보다 적은 돈으로 큰 효과를 얻을 수 있고 부동산 가치를 높이는 장점이 있다. 허름한 빌딩을 인수해 출입구와 창문들을 더 크게 만들어 전망을 확보한다. 트럼프는 센트럴파크 사우스 100번지의 '바비존플라자'를 '트럼프파크'로 개명 · 개축하면서, 창문을 넓혀 밖에 있는 아름다운 경관을 그대로 빨아들이게 하였다. 이를 통해 트럼프는 간단히 1억달러의 수익을 올렸다. 천장을 더 높게 하는 것도 전망 확보에 도움이 된다.

여섯째, '아트리움' 만들기이다.

아트리움(atrium)이란 본디 로마 시대 주택의 중앙 뜰(中庭)을 일컫는 말이다. 풍수에서는 집이나 무덤 앞에 펼쳐지는 뜰(마당이나 논밭) 부분을 '명당'이라 부른다. 경복궁의 경우 근정전 앞 품계석이 있는 곳을 말한다. 명당은 밝고 넓어야 한다. 그런데 초고층 건물 정문 앞에 드넓은 뜰을 만들 수 없기에 그것을 건물 내부에 끌어들인다. 트럼프는 '트럼

프타워'를 지을 때 '아트리움'을 화려하게 만들었다. '브레시아 퍼니시'라는 화려한 대리석을 바닥 전부와 6층 벽에 깔고 붙였다. 대리석 색상은 장밋빛·복숭아 빛·분홍빛이 조화를 이루게 하였다. 이를 통해 건물에 "생기와 활기"를 불어넣었다. 건축평론가들조차 이러한 아트리움을 보고 "가장 기분 좋은 실내 공간으로 따뜻하고 화려하고 기분을 좋게 만들어준다"고 찬사를 아끼지 않았다. 당연히 이곳 아트리움에는 세계적인 명품(부첼라티·마르타·까르띠에·해리윈스턴)을 판매하는 소매업자들이 입주하였다. 이를 통해 트럼프는 투자 대비 천문학적 이익을 남겼다.

일곱째, 반사거울 활용이다.

공간이 협소하거나 외부 건물의 뾰족한 모서리 부분은 심리적 불편함을 야기한다. 풍수에서는 이를 극복하는 방법으로 거울을 활용한다. 트럼프는 '트럼프타워' 아트리움 에스컬레이터 양쪽 벽면에 반사거울을 사용하여 작은 중심 공간을 훨씬 크고 인상적으로 만들었다.

여덟째, 작은 숲이나 정원 조성이다.

작은 숲이나 정원도 전망 확보에 도움이 된다. 내 땅이 아니더라도 이웃에 있는 숲이나 공원이 좋은 전망을 제공한다. 트럼프는 뉴욕에 있는 센트럴파크를 훌륭한 전망으로 활용하였다. 공원이나 숲이 없는 경우, 건물 주변혹은 테라스에 나무 몇 그루를 심어 이와 같은 효과를 창출한다. '트럼프타워' 6층의 테라스에 작은 숲을 조성한 것도, 맨해튼 56번가

와 5번가 코너에 위치한 5층 건물 정면에 전략적으로 나무를 심은 것도 그 한 예이다. 또 트럼프는 플로리다 팜비치에 있는 '트럼프인터내셔널골프클럽' 코스에 2000그루 나무를 심게 하였는데, 이를 통해 훌륭한 전망을 창출하였다.

> " 트럼프 풍수의
> 특징 가운데 하나가
> 물길 만들기다. "

아홉째, 인공폭포 조성이다.

물이 돈의 기운을 유혹하는 훌륭한 수단임을 트럼프는 태생적으로 알았다. 그의 풍수 특징 가운데 하나가 물길 만들기였다. '트럼프타워' 아트리움에는 8피트 폭포수를 흘러내리게 하였는데 100만달러가 들었다. 벽에다 그림을 거는 것보다 훨씬 사람들의 관심을 끌었다. 풍수에서 물은 재물을 상징한다. 중국과 일본의 정원에 물이 필수 요소인 것은 바로 이와 같은 풍수관념 때문이다. 또 '웨스트체스터골프장'에 120피트 높이의 폭포수를 만드는 데 700만달러를 썼다. 그 결과 골프를 치지 않는 사람조차 이것을 구경하러 올 정도였고, 이곳 회원이 되려고 서로 경쟁할 정도였다.

Chapter 2
기업을 보면 명당이 보인다

삼성 서초 사옥
강남 물길 복원이 풍수의 완성

여러 대기업 중 풍수와 관련된 일화가 빈번하게 회자되는 곳이 삼성이 아닐까 싶다. 경남 의령군에 있는 창업주 고 이병철 회장의 생가 뒤편 바위부터 서울 중구 태평로에 있는 옛 삼성 본사까지 글로벌 기업 삼성의 성장 속에 풍수 흔적은 곳곳에서 나타난다.

이런 삼성이 2008년 11월 강남 서초로 본사를 이전한다고 했을 때 역시 세간의 관심은 풍수였다. 기업의 입장에서 본사를 옮긴다는 것은 상당히 큰 결정이다. 특히 사세가 번창한 곳을 떠나는 것은 더욱 그렇다. 삼성의 2008년 본사 사옥 이전이 딱 그랬다. 1976년 태평로로 본사를 옮긴 삼성은 이곳에서 터를 잡은 32년 동안 부침이 있긴 했지만 재계 서열 1위는 물론 글로벌 대표 기업으로 성장했다. 이런 삼성이 새롭게 둥지를 틀고자 하는 곳은 터가 얼마나 좋을까 궁금증이 커지는 것은 당연했다.

삼성이 태평로에서 서초로 사옥을 옮길 당시에도 풍수적 해석이 등장한 바 있다. 태평로

본관 지척에 있는 국보 남대문에서 화재가 나 전국을 충격에 빠트린 사건이 있었는데, 이를 두고 이 일대의 풍수적 기운이 다했다는 식의 해석이 일부 있었다. 실제 남대문은 서울의 풍수에서 관악산의 강한 화기를 막기 위해 풍수적 비방책이 쓰인 곳으로 널리 알려져 있다. 남대문의 또 다른 이름인 숭례문이 적힌 현판은 4대문 중 유일하게 세로로 쓰였는데, 이 같은 행위가 관악산의 불의 기운을 막아 4대문 안의 화재를 막기 위한 조치였다는 것이다. 이런 남대문이 불에 타자, 남대문의 기운이 다했다는 시각이 제시된 것이다.

삼성의 새 사옥 터는 국내 최대 상권인 강남역과 인접해 있는 강남의 노른자위 땅이었다. 돈이 원래부터 오가는 곳이어서 의심할 여지 없는 명당으로 여겨졌다.

세간의 풍수사들은 대부분이 취면수의 길지라고 평가했다. 취면수란 여러 계곡의 물이 고였다가 나가는 형상을 말한다. 동부 이촌동, 여의도 LG사옥, 압구정 등의 지형을 생

각하면 쉽게 이해할 수 있다. 물이 고이는 곳은 재물이 쌓이는 곳으로 여겨진다.

하지만 서초로 이전한 후 삼성의 행보는 이 같은 풍수적 평가가 무색할 만큼 순탄치 못했다. 2017년 창사 79년 만에 처음으로 그룹 총수가 구속됐다. 이후 5년 동안 구속과 석방을 반복하다가 2022년 8월 대통령 사면을 받았다. 이 기간 이재용 당시 부회장은 정상적 경영활동을 하지 못했다. 스마트폰의 글로벌 성공이

있긴 했지만, 현재 그 위상은 경쟁자들의 강력한 도전에 예전만 같지 못하다.

오비이락 격으로 삼성은 결국 서초에 지은 사옥 중 일부를 2018년 매각하는 결정을 내리기도 했다. 물론 여기에는 경영상의 판단이 있었지만 서초 사옥 일부 매각은 씁쓸한 뒷맛을 남겼다.

그러던 와중 2022년 서초 일대가 전무후무한 기습 폭우로 물바다가 되는 일이 발생했다.

주변 지역과 연계되지 못한 채 외딴섬처럼 고립된 삼성 서초사옥.

당연히 서초사옥 일대도 도로가 물에 잠기는 등 피해가 일어났다. 2013년에도 삼성 서초 사옥 일대는 폭우로 인근 도로가 모두 물에 잠겨 고립무원의 모습을 연출했다. 잊을 만하면 나타나는 삼성 서초 사옥 수난사다. 서초 사옥 내부에서도 "이 일대 풍수가 그리 좋은 것은 아닌 것 같다"는 이야기가 나올 정도다. 이에 대해 김두규 우석대 교수는 삼성이 있는 강남 일대를 무조건적으로 좋게 볼 수만은 없다고 견해를 제시한다. 강남 일대가 길지보다는 오히려 험지에 가깝다는 것이다.

김 교수에 따르면 강남 일대 풍수적 지형을 논하기 위해서는 주산 격인 관악산에서 내려오는 지형을 살펴야 한다. 여기서 중요한 것인 산의 얼굴(面)과 등(背)을 제대로 파악하는 것인데, 보통 산의 얼굴에 해당되는 지형은 평탄하고, 등에 해당되는 곳은 가파르고 협소하다는 것이 김 교수의 설명. 김 교수는 "과천 정부청사와 주택단지가 과천과 양재에 들어선 이유"라고 했다.

김 교수는 등에 해당되는 지형을 설명하면서 우면산의 뒤편이 서초·강남·동작구라고 했다. 우면산은 관악산 지맥이 북상하면서 만들어졌다고 풍수학계에서는 본다.

즉 서초, 강남 등 부촌이 자리 잡은 곳들이 풍수적으로는 산의 등에 해당돼 지형적으로 그렇게 좋은 땅은 아니라는 것이다.

김 교수는 "그래서 때마다 강남 일대에서 물난리가 나는 이유가 될 수 있다"고 분석했다. 땅 자체가 협소해서 물이 일정 수준 넘치면 잘 빠지지 않는다는 것이다.

그리고 우면산 뒤편은 역사적으로도 땅의 쓰임새가 재물과는 거리가 멀었다고 김 교수는 덧붙인다.

"조선 개국 후 이곳에 효령대군묘(서초구 방배동), 양녕대군묘(동작구 상도동), 임영대군 후손 집성촌(서초구 반포동), 광평대군묘(강남구 수서동)가 들어섰다. 동작구 상도동에서 강남구 수서동까지 왕족 무덤 '벨트'가 길게 형성돼 있다."

조선시대 왕족 무덤 많이 들어서

강남 일대의 역사적 등장도 무덤과 밀접하게 관련이 있다. 삼성동에 성종·중종의 무덤이 들어서면서부터 강남 일대의 땅이 알려진 측면이 있기 때문이다.

1495년 성종이 죽자 왕릉 후보지들이 논의되는데, 그 가운데 현재 자리가 낙점된다. 원래 이곳은 광평대군 무덤터였는데, 당시 조정에서 광평대군 무덤을 수서 쪽으로 이장시키고 성종을 그 자리에 안장했다. 그때부터 이 자리가 길지인가에 대한 논쟁이 있었다.

김 교수는 성종의 어머니로서 당시 생존해 있던 인수대비가 2가지 이유를 근거로 성종을 이곳에 안장하는 것을 반대했다고 했다. 첫째, 광평대군이 이곳에 안장된 뒤 자손들이 병들거나 요사한 경우가 많았다. 둘째, 그 주변에 종친들의 무덤이 많아 그것들을 이장하려면 왕실 비용이 너무 크다는 이유였다.

그런데 이 자리를 추천한 이는 당시 조정에 미치는 영향력이 상당했던 영의정 윤필상이었다. 윤필상은 이 자리가 길지이고 무덤의 좌향이 잘못돼 광평대군 후손들에게 불행이 생겼다는 논리를 폈다. 결국 윤필상의 주장대로 삼성동 일대가 성종의 무덤으로 낙점됐지만, 인수대비의 불길한 예언은 맞아떨어졌다. 성종이 이곳에 안장된 뒤, 그 아들 연산군의 패륜·중종반정 등 조선의 불안이 시작됐기 때문이다.

성종이 묻힌 곳은 우리가 알고 있는 강남구 삼성동의 선정릉으로 이곳에는 중종도 함께 안장돼 있다. 원래 중종은 경기도 고양시 원당동 희릉에 첫째 계비 장경왕후와 함께 묻혀 있었다. 그런데 중종 승하 18년 후인 1562년 둘째 계비 문정왕후가 중종 무덤을 성종이 묻힌 선릉 옆으로 이장했다. 문정왕후는 자신이 죽으면 중종 무덤 옆에 묻힐 욕심으로 이장을 결정한 것으로 알려진다. 하지만 문정왕후는 그 뜻을 이루지 못했다. 그 당시도 폭우로 선정릉 일대가 곤혹을 치렀기 때문이다.

기록에 따르면 탄천 물이 역류하여 정자각까지 물이 찼다고 한다. 문정왕후는 결국 이 같은 자연적 악조건 때문에 자신의 무덤을 이곳에 정하지 못하고 태릉으로 정했다.

김 교수는 강남역과 선정릉 일대의 지형을 지리멸렬(支離滅裂)하는 지세로 봤다. 산도 높지 않고 물도 깊지 않은 데다가 지맥이 난맥상을 보이고 있다는 것이다. 강남역 침수와 관련해서 물이 빠져나가는 물구멍이 좁은 것이 원인이라고 봤다.

물론 강남 일대를 무조건적으로 '험지'로만 치부할 수는 없다. 이 일대에 조선시대 가장 높은 계급이었던 왕족의 무덤이 들어섰다는 것 자체로만 봐도 그렇다. 왕족의 무덤은 왕실 지관들이 왕실 발복을 기원하며 심혈을 기울여 터를 잡는다. 다만 무덤은 보통 산세가 있는 곳에 마련된다는 점에서 당시에는 사람들이 살기에 적합하지 않았던 곳으로 봤을 공산이 다분하다. 결국 땅에 대한 평가는 어디에다 시선을 두는가에 따라 달라질 수 있는 것

선정릉

이다. 강남 내에서도 2022년 폭우를 피해 가는 동네는 있었다. 도곡동이 대표적으로 관악에서 내려오는 지맥이 양재천 앞에서 멈춘 형국이다. 양재천이 범람해 피해가 있었을 법하지만 다소 높은 지대 덕에 별 피해가 없었다. 게다가 도곡동에 있는 부의 대명사 타워팰리스는 여전히 건재하다. 삼성이 심혈을 기울여 잡은 터로 알려져 있다. 애초 서초사옥의 터도 타워팰리스 일대라는 이야기가 있다.

옛 물길 복원 고민해야

그렇다면 강남역 일대의 풍수를 바꿀 방법은 없을까. 이에 대해 김 교수는 "풍수적 비방책으로 보완할 수 있다"며 "옛 물길들을 복원해 지리멸렬한 지맥의 기운을 모으는 것이 좋다"고 조언한다. 김 교수는 "서초 강남 삼성 일대의 높은 건물 아래에는 옛 물길들이 아직 존재한다"면서 "그 물길들을 복원해 강남 일대의 물들을 반포천과 탄천으로 흐르게 하면 반복되는 강남 침수를 막을 수 있다"고 설명했다. 김 교수는 한 걸음 더 나아가 "복개된 물길을 확장·복원하여 강남 내 작은 운하를 만들면 풍수적으로 금상첨화가 된다"고 강조했다. 그렇게 되면 부자가 사는 땅이 아닌 부자가 되는 강남이 된다는 것이다.

풍수에서 땅의 지세도 중요하지만 건물의 형태도 중요한 부분으로 친다. 삼성의 서초 사옥은 어떨까.

"서초동에 들어섰던 세 동 건물은 전통을 무시한 첨단 양식이다. 보기에는 멋지지만 풍수적으로는 그리 좋은 점수를 주지 못하겠다. 세 동 건물의 특징을 3글자로 표현하면 '난(亂)·충(衝)·압(壓)'이다. 어디가 정문인지 혼란스러워 초보자가 목적지를 쉽게 찾지 못하며(亂), 세 동의 건물 모서리가 서로를 찌른다(衝). 그리고 그 옆을 지나가다 보면 건물이 사람을 내리누를 것 같다(壓)."

김 교수는 풍수 고전 '탁옥부'를 인용해 이를 택병(宅病)이라고 설명했다. 집(宅)과 질병(病)이 합쳐진 단어에서 볼 수 있듯이 건물의 풍수기운은 해(害)를 입고 있다는 것이 김 교수의 주장이다.

다만 김 교수는 "이 또한 물길을 틔우면 건물의 부족한 기운을 채워넣을 수도 있다"면서 "고민해볼 필요가 있다"고 했다.

현대차그룹 양재동 사옥
마당을 안으로 끌어들인 길지

〈吉地〉

지난 11월 24일 현대차그룹 인재개발원 마북캠퍼스에서 뜻깊은 행사가 열렸다. 역사 속에서만 존재했던 '포니 쿠페'가 다시금 세상의 빛을 보게 된 것이다. 이날 현대차는 이탈리아를 대표하는 자동차 디자이너 조르제토 주자로와 협력해 1974년 이탈리아 토리노 모터쇼에 선보였던 '포니 쿠페 콘셉트'를 원형 그대로 복원한다고 밝혔다. 현대차의 초청으로 한국을 찾은 주자로는 1974년 '포니'가 양산됐던 울산 공장을 돌아보는 등 현대차와의 협업 프로젝트를 시작했다. 이탈리아 디자인 회사 'GFG 스타일'의 설립자 겸 대표인 주자로는 포니와 포니 쿠페 디자인을 시작으로 '포니 엑셀' '프레스토' '스텔라' '쏘나타' 1·2세대 등 현대차의 여러 초기 모델을 디자인했다. 이날 주자로는 "포니를 디자인했던 시절 치열한 글로벌 자동차 시장에 도전장을 낸 한국과 현대차의 디자인을 맡아 뿌듯했다"며 "현대차의 브랜드 유산을 기념하는 포니 쿠페 콘셉트 복원 프로젝트에 힘을 보태게 돼 영광"이라고 말했다. 현대차 관계자는 "GFG 스타일과 공동으로 복원하는 포니 쿠페 콘셉트는 2023년 봄 최초 공개할 예정"이라고 밝혔다. 여기서 질문 하나. 현대차그룹은 왜 48년 전 공개했던 콘셉트카를 원형 그대로 복원하려는 걸까. 여기엔 1976년 최초의 국산 자동차 '포니'를 생산한 정주영 선대회장의 뚝심이 숨어 있다. 어느 누구도 성공을 장담할 수 없었던 상황. 그때 "임자, 해보기나 했어?"라며 불도저처럼 밀어붙인 그의 추진력 덕에 한국은 아시아 2번째, 전 세계 16번째로 고유 브랜드를 가

포니 쿠페 콘셉트카

고 정주영 선대회장 | 정몽구 명예회장

정의선 현대차그룹 회장

진 자동차 생산국이 됐다. 그러니까 '포니 쿠페 콘셉트'는 포니의 태동을 알린 출발점이자 반백 년 현대차 역사의 헤리티지(유산)다. 업계의 한 관계자는 "헤리티지는 명품 브랜드의 필요충분조건이라며 이를 내세울 만큼 국산 완성차의 품질과 인지도가 높아졌다는 방증"이라고 평가했다.

브랜드뿐만 아니라 실적 면에서도 현대차그룹의 성장곡선은 가파르다. 현대차그룹은 2021년 118조원의 매출과 6조7000억원의 영업이익을 올렸다. 2022년엔 3분기까지 누적 매출은 104조원, 영업이익은 6조4000억원을 넘어섰다. 업계에선 벌써부터 역대 최대 영업이익을 기대하고 있다. 이런 기세라면 2023년엔 10조원 클럽 가입이 어렵지 않다는 말도 나오고 있다. 자동차의 본고장이라는

미국에서도 역대 최대 시장 점유율이 예상된다. 지난 11월 23일(현지시간) 미국 CNBC는 현대차그룹이 2022년 미국 신차 시장에서 현대차, 기아, 제네시스를 합해 시장점유

율 11%를 기록할 것으로 예상했다. 1986년 현대차가 미국 시장에 진입한 이래 역대 최고 성적이다. CNBC는 "가성비(가격 대비 성능) 높은 차량을 판매하던 현대차가 이젠 글로벌 브랜드와의 경쟁에서 선전하고 있다"고 평가했다. 정주영 선대회장이 입버릇처럼 말하던 '수출보국'(국내 제품과 기술을 수출해 나라에 충성을 다하는 일) 정신이 50여 년의 시간 동안 빛을 발한 셈이다.

현대차그룹 100년 대계 명당

현대차그룹의 성장을 논할 때 빠지지 않고 등장하는 꼭짓점 중 하나가 양재동 사옥이다. 현대차 본사 사옥에 대한 정몽구 명예회장의 애착은 재계에선 이미 유명한 일. 일각에선 정주영 선대회장의 꿈이 계동에서 영글었다면 2대 정몽구 회장은 양재동에서 미래를 그렸다고 평가한다. 내로라하는 풍수가들은 두 사옥의 지기(地氣)가 1대, 2대 회장의 운과

현대차그룹 양재동 사옥

딱 맞아떨어진다고 말한다. 두 곳의 터가 명당이란 말도 **빼놓지** 않는다. 특히 현대차그룹의 현재를 완성한 양재동 사옥에 대해선 삼성의 서초동 사옥 못지않게 좋은 터라 입을 모은다. 그런데 사실 이곳은 현대차그룹이 사전에 계획해 이동한 곳이 아니다. 아이러니하지만 급하게 구한 터가 알고 보니 그룹의 100년 대계를 책임질 명당이었다.

2000년 이른바 '왕자의 난' 이후 현대그룹은 현재의 현대그룹, 현대차그룹, 현대중공업그룹, 현대백화점그룹 등으로 갈라졌다. 당시 정몽구 회장은 현대차와 현대서비스 등 자동차 관련 10개 계열사를 떼어내 자동차 전문 그룹으로 독립시켰다. 2000년 말 본사를 양재동으로 옮긴 이유다. 이후 정주영 선대회장이 일군 현대가의 명성은 성장세가 도드라진 현대차그룹으로 이어진다.

당초 양재동 사옥은 농협이 새 사옥으로 삼기 위해 지은 건물이었다. 현재의 서관만 홀로 덩그러니 솟아 있었는데, 농협은 이 건물에 본사와 백화점을 운영하고 현재 하나로마트 양재점이 들어선 너른 터에는 농산물유통센터를 운영할 계획이었다. 언뜻 바라봐도 백화점 운영으로 강남지역의 부유한 소비층을 끌어들이고 하나로마트의 인지도까지 높일 수 있는 영민한 전략이었다. 하지만 이러한 계획은 더 이상 진행되지 못했다. 일각에선 IMF 직후인 1998년 12월, 헬기로 이동하던 김대중 대통령이 양재동 대로변의 이 번듯한 건물이 농협

소유란 말을 듣고 "농협에 저렇게 좋은 빌딩이 필요한 이유가 뭐냐"고 지적했다는 말이 전해진다. 결과적으로 농협은 급히 건물 매각에 나섰고, 2000년 말 마침 새 사옥을 찾고 있던 현대차가 3000억원에 인수하게 된다.

서로 모습이 다른 쌍둥이 건물

현대차그룹의 양재동 사옥은 구룡산과 청계산, 대모산의 물(양재천)이 모이는 지점이다. 전형적 배산임수인 이곳은 풍수가들 사이에선 재물이 모이는 곳으로 통한다. 현대차그룹은 2001년 현재의 서관에 둥지를 틀었다. 이후 사세를 확장하며 임직원이 늘자 2006년 동관을 새로 지었고, 현대차가 새 건물로 자리를 옮긴다. 서관엔 기아와 여타 계열사들이 자리를 잡았다. 사실 한 장소에 두 동의 건물이 있거나 좌우 대칭의 건물이 있으면 풍수상 흉상으로 본다. 크기와 높이, 면적이 같으면 서로 경쟁하거나 다투는 형상의 기운을 띠어 결국엔 헤어지게 된다는 설명이다. 하지만 현대차그룹의 양재동 사옥은 21층 규모의 두 건물이 바로 옆에 붙어 있음에도 동관이 서관보다 천정고가 높고 면적이 더 넓다. 자연스레 형과 아우처럼 나란히 균형을 맞추고 있다. 동관에 비해 상대적으로 지반이 낮은 서관에는 풍수지리를 고려해 옥상에 태극기를 걸도록 했다는 후문이다. 정몽구 명예회장은 종종 측근 인사들에게 "양재동 사옥으로 옮긴 후 모든 일이 잘 풀린 건 터가 좋기 때문"이라

고 말하곤 했다고 한다. 양재동 사옥은 정문이 북동쪽으로 나 있고, 건물은 남향으로 양택(陽宅)오행원리상 길한 영향을 잘 받는 명당으로 알려졌다. 정문 방향과 건물 방향이 조화롭고 기가 충만해 회장부터 직원까지 늘 자신감이 넘친다는 것이다. 정방형 형태의 건물도 안정감이 돋보인다는 평가다. 주변 도로의 모양이 좋아 사방에서 재물이 모여드는 길지(吉地)이고 목형(木形)의 사옥은 같은 목성체인 구룡산과 닮아 길상(吉相)이다. 이는 마치 서울 중구 태평로의 옛 삼성 본관과 남산과의 관계와 같다는 게 여러 풍수가들의 전언

서울 삼성동 현대차그룹 GBC 부지

이다.

김두규 우석대 교수는 두 사옥을 연결하는 로비층에 주목했다. 김 교수는 "마당을 집 안으로 들여 자연스럽게 사람들이 드나들도록 했다"며 "사람이 드나드는 곳에 재물이 모이는 건 당연한 결과"라고 설명했다. 실제로 현대차그룹 양재사옥의 1~3층엔 사람들이 만나고 얘기할 수 있는 공간이 마련돼 있다. 1층은 협력업체들이 수시로 방문해 구매 상담을 하거나 업무 관련 미팅을 하는 곳이다. 은행도 두 곳이나 입주해 있다. 2층은 강당, 3층은 사내 도서관과 접견할 수 있는 공간으로 채워졌다. 김 교수는 "다른 그룹의 사옥과 달리 이곳은 앞마당도 넓다"며 "하나로마트로 이어지는 통로를 따라가면 사람들이 모이는 공간이 나오는데, 그만큼 개방적이고 대담한 기업문화가 엿보이는 부분"이라고 전했다. 김 교수는 "로마 시대 주택의 중앙 뜰(中庭)을 아트리움(Atrium)이라고 하는데, 풍수에선 집이나 무덤 앞에 펼쳐지는 마당이나 논밭 부분인 이곳을 '명당'이라 부른다"며 "경복궁의 경우 근정전 앞 품계석이 있는 곳이 여기에 해당하는데, 초고층 건물은 정문 앞에 드넓은 뜰을 만들 수 없기 때문에 그것을 건물 내부로 끌어들이기도 한다"고 덧붙였다.

정의선 회장이 주도하는 GBC 신사옥

여기서 다시 질문 하나. 그럼 현대차그룹이 새로운 보금자리로 점찍은 삼성동 글로벌비즈니스센터(GBC)의 지기는 어떠할까. 이곳은 2014년 현대차그룹이 삼성과 경쟁해 확보한 한국전력 용지다. 낙찰가만 무려 10조 5500억원에 이른다. 풍수가들은 이곳을 두고 "한강과 양재천, 탄천이 삼합수가 돼 재물이 들어오는 형상"이라고 말한다. 정문을 어디로 내는지, 건물의 좌우를 어떻게 쓰는지에 따라 대명당 터로 쓰일 수 있다는 것이다. 그런 이유로 "과거 한전의 우를 범해선 안 된다"는 말도 나온다. 명당을 제대로 알아보지 못했다는 채근이다.

현대차그룹이 추진하는 서울 삼성동 GBC 신사옥은 현재 서울시의 인허가 여부가 뜨거운 이슈다. 서울시는 2019년 11월 GBC 건축허가서를 교부한 데 이어 이듬해인 2020년 5월 착공신고필증 교부를 마무리했다. 하지만 현대차그룹이 설계변경 검토를 시작하면서 사업이 2년 넘게 제자리걸음이다. 업계에선 초고층 빌딩 대신 48~52층 3개동으로 변경된 안이 회자되고 있다. 지난 4월 정의선 회장에게 보고된 도심항공모빌리티(UAM·플라잉카) 이착륙장을 더한 기본설계안도 '50층, 3개동'으로 전해졌다. 공사비와 군 레이더 비용 부담 등을 덜어내는 동시에 UAM과 영동대로 이동 경로 등을 고려해 건물 실용성을 높이겠다는 전략이다. 일단 현대차그룹은 이 같은 기본설계안 변경에 대해 말을 아끼고 있다. 다만 인허가 변경을 준비하는 만큼 GBC 프로젝트에는 변화가 예상된다.

신령스러운 거북이 물을 마신다

기업은 최고경영자의 역량, 사업전략의 적절성, 경기와 시장 상황 등에 따라 부침을 거듭한다. 삼성이나 현대차그룹처럼 한국 현대사와 함께 성장한 기업들이 있는가 하면 대우그룹처럼 역사의 뒤안길로 사라진 기업들도 적지 않다.

기업활동의 근거지는 '사옥(社屋)'이다. 사옥 위치와 출입문 방향, 심지어 화장실이나 경영진 사무실 위치까지도 풍수학자들의 의견을 구한 뒤 결정하는 사례가 적지 않다. 기업의 '집'에 해당하는 사옥을 풍수적 관점에서 제대로 지어야 기업이 흥한다고 주장하는 풍수가들이 많다. 최첨단 기술을 개발하면서 국가경제를 견인하고 있는 대기업들이 비(非)과학적이라는 비판에서 여전히 자유롭지 못한 풍수에 귀를 기울인다는 것 자체가 아이러니라는 비판도 나오지만, 본능적으로 '돈 냄새'를 잘 맡는다는 부자들이 그런 터를 애써 구하려고 하는 것은 자연스러운 현상이다.

SK 서린 사옥

대표적인 사례가 SK그룹의 서울 서린동 본사 사옥이다. 이 사옥은 풍수학적 요소를 적잖게 고려한 건물로 알려져 있다. 작고한 최종현 SK그룹 회장이 지은 이 건물은 지하 7층~지상 36층 규모로 1999년 완공됐다.

SK의 출발은 선경직물이었다. 창업자 최종건 회장은 일제강점기 때 선경직물의 직원이었다. 6·25전쟁으로 폐허가 된 공장을 복구해 (방)직기를 재조립하고, 신제품을 개발하는 등 최종건 회장의 노력으로 회사는 지속적인 발전을 거듭하여 1962년 홍콩에 자사 제품을 수출하게 된다. 그러나 회사 창업 20주년이 되는 1973년 최종건 회장은 폐암으로 쓰러진다. 향년 47세.

경영권을 이어받은 동생 최종현 회장은 1980년 공기업 민영화 과정에서 대한석유공사의 인수에 성공해 재계에 파란을 일으키며 SK의 대도약의 발판을 마련한다. 1989년에는 정유 관련 공장의 복합단지를 완성하여 창업자의 숙원이던 '석유에서 섬유까지'의 수직계열화를 성공시켰다. 1994년 한국이동통신 인수에 성공해 석유화학과 정보통신이라는 그룹의 양대 축을 완성했다. 그런데 단전호흡 수련 등으로 건강을 자신하던 최종현 회장은 폐암으로 1998년 타계한다. 69세였다. 고 최종현 회장은 풍수에 관심이 많았고 조예도 깊었던 것으로 알려져 있다. 서린동 사옥은 2000년 한국건축가협회상을 받기도 했지만 설계에서부터 풍수지리와 관련이 깊은 것으

로 유명하다. 이 건물을 설계한 김종성 건축가는 "풍수지리라는 것이 현대 건축의 원리와 비슷하기 때문에 실제 설계 시에 이 같은 부분을 고려했다"고 밝히기도 했다.

비보(裨補) 풍수 대표 사례

먼저 터를 살펴보자.

SK그룹의 서울 중구 서린동 본사 사옥은 권문세가들이 주로 살았다는 청계천 북쪽에 위치하고 있다. 이곳에 권문세가들이 모여 살았던 것은 배산임수(背山臨水)의 전형적인 형세를 갖춘 데다 북한산의 센 기운이 모두 해소된 자리로 평가받기 때문이다.

풍수 전문가들 사이에서 SK 서린동 사옥은 부자들의 풍수에 대한 믿음, 그리고 부와 물의 상관성을 보여주는 상징적 사례로 손꼽힌다. 재물을 쌓는 데 도움이 되는 명당으로 손색없다는 평가가 대부분이다.

이곳은 북한산에서 남진한 용맥(龍脈·산의 정기가 흐르는 산줄기)이 북악산으로 솟기 직전에 한 줄기가 삼청공원으로 가지를 친 뒤 낮은 구릉으로 남진해 청계천을 만나면서 지기(地氣)가 응집하고 있다고 풍수지리학자들은 설명한다. 게다가 SK빌딩에는 풍수 최고의 비책이 숨어 있다. 서린동은 풍수지리학적으로 화기(火氣)가 강하다고 알려졌다. 북악산과 관악산의 화기가 만나서 모이는 장소라는 것. 이 때문에 재물이 마르지 않고, 기운이 솟아 잔병치레가 없다. 실제로 조선시대에

는 한양을 구성하는 8방(防) 중 시전(市廛)이 가장 성행했던 곳이다. 당시 감옥인 '전옥서(典獄署)'도 이곳에 지어서 죄수가 병사(病死)하는 것을 방지했다고 알려졌다.

한 가지 문제는 화기가 너무 강하다 보니 불이 자주 났다. 실제로 조선시대에만 전옥서가 여러 차례 불에 타서 전소했다. SK서린빌딩 외벽은 SK그룹의 주력이었던 '원유'를 상징하는 흑색으로 꾸며졌다. 석유가 불을 만나 활활 타오르길 기원했다는 것이다. 설계 당시부터 풍수적인 요소를 건물 곳곳에 집어넣은 것으로 유명하다.

일부 전문가들은 서린동 빌딩 용지는 풍수로 보면 불기운이 강한 곳이라 불기운을 누르기 위해 '물기운'으로 비보(악한 기운을 막아주는 것)를 해야 했고, 이 때문에 '물'을 상징하는 거북을 집어넣었다고

말한다. 사옥이 있는 서린동은 화기(火氣)가 승한 자리라 그 기운을 누르기 위해서는 수(水)의 기운인 거북이 있어야 한다는 것이다. 실제 이 빌딩에는 건물의 네 기둥에 거북 발 모양의 문양이, 정문과 후문에는 거북 머리와 꼬리를 상징하는 조형물과 문양이 설치돼 있다. 거북 등으로 건물 전체를 떠받들고 있는

형상이다. 평소 풍수에 관심이 많았던 고 최종현 회장의 지시로 만든 이 조형물과 문양에는 사업 번창과 무병장수를 기원하고자 하는 그룹 총수의 뜻이 담겨 있다. 또한 사옥 입구에는 특이한 문양이 있다. 건물 밑 네 기둥의 거북 발 문양과 함께 청계천 쪽 정문 앞에는 머리를 상징하는 검은 돌에 하얀 점이 8개 찍혀 있다(아래 사진). 종로 쪽 후문의 현관 앞에는 거북 꼬리에 해당하는 삼각 문양이 새겨져 있다. 한마디로 SK빌딩이 '큰 거북' 모양인 셈이다.

청계천 쪽 머리 부분의 검은 돌에 새겨진 하얀 점 8개는 '하늘 천(天)' 자를 형상화했다. 고대 소설 '숙향전'에는 이마에 '天' 자가 있고 발에는 '임금 왕(王)' 자가 새겨진 거북이 등장하는데 이는 거북을 남해 용왕의 딸 또는 수중 동물의 왕으로 묘사하기 위해서

다. 빌딩 정면 거북 머리에 '天' 자 문양을 새긴 건 SK그룹이 국내 기업의 선두에 있음을 상징한 조형물이란 평가다. 일부 전문가들은 거북 머리에 있는 점도 주역 64괘 중 13번째 괘인 '천화동인(天火同人)'을 뜻한다고 말한다. 용솟음치는 하늘의 기운이 불을 잘 제어해 사람이 모여든다는 뜻이다.

정리하면 청계천 쪽 정문 계단에는 거북 머리를 상징하는 검은 돌, 종로 쪽 후문엔 꼬리에 해당하는 삼각 문양을 새겨 넣은 것이다. 결국 거북 빌딩을 지고, 청계천으로 향하는 모양새다. 거북이는 장수와 다산을 상징하는 영험한 동물이나 물이 있어야 살 수 있다. 그래서 거북이가 물을 마시는 모양의 터를 풍수에서는 '영구음수형(靈龜飮水形)'의 명당이라고 한다. 신령스러운 거북이 물을 마시는 형상의 길지라고 말한다. 빌딩 정문을 번화한 종로 쪽이 아닌 청계천 방향으로 낸 것도 그런 이유로 통한다. 풍수에서 물은 재물을 뜻하므로 오래도록 돈을 많이 벌고 싶다는 염원인 셈이다.

'영구음수형(靈龜飮水形)'의 명당

모인 기가 빠지지 않도록 북악산→인왕산→남산으로 이어지는 산 능선이 백호, 삼청공원→창덕궁→종묘로 이어지는 능선은 청룡이되며 건물이 남산을 바라보고 있기 때문에 살기를 막아주고 있다고 강조한다. 또 일반적으로 서울을 놓고 볼 때 남산은 관악산이라는 살기를 막아주는 방패 역할을 할 뿐만 아니라 청룡 백호 주작 현무로 대표되는 사신도에서 주작에 해당한다. 보통 주작은 붉은색, 재물을 상징하기 때문에 정남향인 남산을 바라보고 있는 곳이 사옥 용지로 좋다는 것이 전문가들의 설명이다.

최종현 회장은 이 빌딩의 완공을 보지 못하고

건물기둥의 거북발 문양

1998년 타계했지만 이후 SK그룹은 거북 덕분인지 비교적 탄탄대로를 걸었다.

최근에는 길 건너 재개발이 SK사옥을 풍수적으로 보완해준다는 얘기가 나온다.

서린동 자리가 배산(背山)의 역할이 약했는데 청진동 개발로 뒷산의 역할을 하는 타워8, 그랑서울, 르메이에르, D타워 등의 건물이 병풍처럼 들어서 북풍을 막아주고 바람을 갈무리하여 더 좋은 땅, 좋은 건물로 만들어 주고 있다는 것이다.

SK 관계자는 "SK 사옥 터는 청계천과 북악산의 줄기가 만나는 곳에 위치해 있는 길지(吉地)라는 것이 풍수연구가들의 공통된 의견"이라면서 "여기에 물을 만난 거북이까지 더해져 회사가 승승장구한다는 기대감이 예전 임직원들 사이에선 많이 퍼져 있었다"고 말했다.

중구 수하동 미래에셋 센터원 빌딩
돈 들어오는 땅에 안 새는 설계

풍수에 관심을 가지고 있는 기업이라도 대개 이미지 때문에 그러한 사실을 숨기는 경우가 많다. 미래에셋금융그룹은 예외다. 미래에셋 금융그룹은 풍수 경영으로 이름난 대표적인 기업이다. 오늘날 미래에셋을 글로벌 금융그룹으로 일궈낸 박현주 미래에셋증권 홍콩 회장은 서슴없이 '풍수 경영'의 효용을 이야기한다. 서울에서 발품을 팔아 정한 회사 터는 대표적으로 세 곳이다. 삼성역 인근의 강남구 대치동, 증권가가 밀집한 영등포구 여의도동, 청계천 남쪽의 중구 수하동이 바로 박 회장이 직접 '찜한 곳이다. 모두 풍수적으로 돈이 모이는 명당(明堂)으로 유명하다.

박 회장은 미래에셋 첫 사옥을 서울 여의도 옛 주택은행 본점 건너편의 한국유리 빌딩으로 정했다. 이곳은 미래에셋의 요람과 같은 곳이다. 1999년 여의도에 첫 사옥을 마련한 뒤 미래에셋은 '성공 신화'를 시작했다. 미래에셋자산운용의 펀드 열풍, 미래에셋증권 설립, 미래에셋생명 인수, 12개국에 걸친 글로벌 네트워크 구

축도 여의도에서 이뤄냈다.

여의도는 풍수지리에서 '돈'으로 둘러싸여 있다고 해석된다. 풍수에서 '물'은 곧 '돈'을 의미한다. 여의도는 한강이 두 갈래로 감싸고 돌며, 북쪽 북악산과 남쪽 관악산의 지맥(地脈)이 마주해 좋은 기가 모인다는 게 전문가들의 설명이다. 물론 여의도에서도 망해 나간 금융투자사들이 수두룩하다. 이에 대해 김두규 우석대 교수는 "같은 지역에서도 입지와 건축물의 구조 지맥, 수맥 등의 차이가 크다"고 설명했다. 실제 한국의 맨해튼 격인 여의도는 지기(地氣)가 센 탓에 대로변에 위치한 사옥들은 풍파가 심했다. 여의도 국회를 바라보는 쪽에 들어선, 대로변에 위치한 많은 금융회사들이 부도나거나 문 닫는 사례가 비일비재(非一非再)했다.

2000년 박 회장이 서울 강남에 사옥을 마련하기 위해 빌딩을 보러 다니면서 지관(地官)과 동행한 것은 유명한 일화다. 강남 사옥인 삼성동 M타워(미래에셋타워)는 구릉지인 역삼역 주변에서 테헤란로를 따라 내려온 재물이 모이

미래에셋 센터원

청계천 이남에는 대기업이 속속 들어섰다. 청계천 북쪽에는 청와대가 있으니 북쪽은 '권력', 남쪽은 '자본'이 꽉 잡고 있다는 말이 나온다. 조선시대에도 청계천 북쪽에는 궁궐이나 관청이 주로 들어섰으며 남쪽에는 민가와 상업 지대가 많이 들어섰다.

그중 미래에셋이 있는 수하동 센터원빌딩 자리는 풍수지리학자들 사이에서 돈과 관련된 사업을 하는 데 최고 명당으로 꼽힌다. 반면 서울 광화문 포시즌스호텔은 처음에 사옥 용지로 활용하려 했지만 박 회장이 호텔 용지로 바꾸었다. 입지상 오피스로 사용하기엔 적절하지 않았기 때문이라고 한다. 미래에셋의 사옥 입지를 결정할 때는 이처럼 창업주인 박 회장이 직접 현장을 둘러보고 난 후 여러 조언을 받아 최종 결단을 내렸다.

청계천을 사이에 두고 북쪽 광화문 일대는 청와대와 정부종합청사 등 권력의 기운이 강하지만, 센터원빌딩이 있는 남쪽은 재물의 기운이 모이는 곳이다. 조선시대에는 현재 센터원빌딩 자리 근처에 동전을 만들던 주전소(鑄錢所·조선시대 동전을 주조하던 정부관청)가 있었고, 전국 각지의 상품이 모여 거래되는 시전(市廛)도 발달했다.

강원·여수·남해 등 지방에서 기회

미래에셋 센터원은 빌딩 정문이 도로와 바로 접하지 않고 1000평 정도의 광장으로 조성되어 있다. 건물 준공 당시 서울시에 기부채납

는 삼성역 사거리가 강남에서 가장 명당이라는 지관의 이야기를 듣고 삼성역 사거리 근처 빌딩을 매입한 것이다. 2005년부터 적립식 펀드 열풍이 불면서 뭉칫돈이 미래에셋에 몰려들어 사세를 키우는 데 큰 역할을 했다.

2011년 사옥을 청계천 앞의 지금의 본사 사옥인 센터원빌딩으로 정할 때도 박 회장이 풍수를 고려해 선정했다는 것은 증권가에서 비밀이 아니다. 2005년 청계천 복원공사가 끝난 후

해 시민에게 개방된 공원으로 2020년 중구청과 함께 비용을 부담하며 본 광장을 '한빛공원'으로 바꾼 것이다.

순망치한(脣亡齒寒)이라는 사자성어가 있다. 풍수에서는 산과 물이 만나는 곳에 건물을 짓거나 묘를 쓰지 말라는 의미로 사용한다. 예로부터 널찍한 앞마당이 있는 곳에 집이나 묘를 썼던 이유도 여기에 있다. 미래에셋이 사옥을 지을 때 청계천을 사이에 두고 넓은 시민 휴식 공간을 조성한 것은 매우 좋은 선택이라 할 수 있다.

앞마당 격인 한빛공원 앞으로는 청계천 물길이 흐르고 고층으로 올라가면 멀리 북악산이 보이며 을지로와 명동, 종로, 광화문이 인접해 있다. 동관과 서관으로 이루어진 빌딩은 비슷하게 디자인해 '쌍둥이 빌딩'으로 불리지만 두 개의 건물은 넓은 앞마당에 흐르는 물길을 거스르지 않고 자연스럽게 물을 바라보고 서 있다.

입지는 북향의 대지지만 건물의 형태가 유정하고 앞의 마당(명당)이 넓으며 그 앞으로 청계천이 서에서 동으로 역으로 흐른다.

대지의 모양과 함께 사옥의 가상도 중요하다. 대지의 모양은 직사각형·정사각형이 좋으며 가상 또한 유정한 형태가 좋다. 센터원은 네모반듯한 건물 형태로 정면에서 보면 입구를 찾기가 쉽지 않다. 돈이 들어왔다가 나가는 문이 외부에서 잘 보이지 않도록 배치한 것 또한 풍수적으로는 돈이 쉽게 나가지 않는 좋은 설계라고 할 수 있다.

사옥 내 대표의 집무실을 꾸미는 디테일에 있어서도 풍수가 중요한 것은 당연지사다. 박 회장은 당초 센터원빌딩 36층에 있는 회장 사무실의 책상이 청와대를 마주 보는 쪽으로 배치된 것을 보고 청와대를 비켜나 옆으로 좌석 배치를 바꾸었다. 권력의 상징인 청와대를 정면으로 바라보는 것은 전망으로선 좋을지 모르지만 강한 기운에 압도될 수 있어 피하는 게 좋기 때문이다. 그는 "이 방에 앉아 있으면 서울의 기운이 느껴진다"고 말한다. 그의 집무실에서 보이는 서울의 전경이 그 이유를 설명해준다. 빌딩 바로 앞을 흐르는 청계천 너머로 도봉산까지 집무실의 유리창에는 한 폭의 그림이 펼쳐진다. 사옥이나 집무실 위치뿐 아니라 책상·의자·회의 테이블 등도 풍수와 기의 흐름을 고려해 배치한다는 것이 미래에셋 관계자의 귀띔이다. 미래에셋 계열사들이 서울 중구 수하동의 현재 미래에셋 센터원빌딩으로 옮겨온 것도 명당을 찾아온 행보다.

도봉산은 풍수지리학적으로 맑고 강한 맥이 뻗어 나온다고 알려져 있다. 박 회장은 집무실에서 외국 바이어와 협상할 때 서울의 '기(氣)' 덕을 톡톡히 보고 있다고 말한다. 박 회장은 자신의 집무실이 "외국 바이어들의 기를 꺾어 놓는 효과가 있다"고 밝히기도 했다. 재미있는 사실은 박 회장이 회사 터를 보러 갈 때 원칙이 하나 있다는 것이다. 반드시 겨울에 가는 것이다. 봄·여름·가을에는 꽃과 풀, 나무 등이 건물을 가려 건물의 실제 가치보다 좋아 보이는 효과가 있다. 그는 꽃과 잎이 지고 앙상한 가지만 남는 겨울에 건물의 진정한 가치를 볼 수 있다고 생각한다. 박 회장은 진즉 해외 부동산으로 투자 포트폴리오 범위를 넓히고 있다. 그는 풍수지리라는 것은 땅의 이치에 기반한다고 믿는다. 좋은 땅의 기운이 좋은 자리를 만들며, 같은 땅이라도 나무가 잘 자라지 않는 곳은 좋은 터가 아니라고 한다.

최근 박 회장이 관심을 가지고 있는 지역은 강원 홍천과 전남 여수 경도, 남해안과 동해안 등이다. 해안을 낀 곳에 새로운 해양 도시를 설계하는 것이 그의 꿈이다. 서울이 아닌 동해안이나 남해안 등지에 외국인학교나 국제학교를 설립해 교육 인프라스트럭처를 지방으로 분산하면 자연스레 수도권 중심에서 벗어나 지방과의 균형발전이 이뤄질 수 있을 것이라는 생각이다. 풍수지리를 과학으로 받아들인 박 회장의 안목과 투자가 어떤 결과를 가져올지 귀추가 주목된다.

한빛공원

잠실 롯데월드타워

국내 최고 마천루 배수면가의 길지

〈吉地〉

서울 잠실역에 내려서면 가장 먼저 눈에 띄는 글자가 '롯데'다. 주변에 롯데로 시작하는 시설과 건물이 많아 어느 방향으로 시선을 돌려도 이 두 글자가 먼저 눈에 들어온다. 이른바 '롯데타운'이란 말이 나온 이유다. 차례로 나열해 보면 테마파크 롯데월드, 롯데백화점 잠실점, 뮤지컬 전용 극장 샤롯데씨어터, 롯데캐슬골드 아파트, 롯데월드타워를 품은 롯데월드몰이 잠실역과 지하로 연결된다. 물론 으뜸은 롯데월드타워, 에비뉴엘동, 쇼핑몰동, 엔터테인먼트동 등 총 4개의 건물로 구성된 롯데월드몰이다. 그중에서도 롯데월드타워는 우뚝 솟은 모양새가 주변 경관을 압도한다. 123층, 555m로 국내 최고 높이를 자랑하는 마천루(摩天樓)다. 현재 롯데월드타워보다 높은 건물은 아랍에미리트의 부르즈칼리파, 중국의 상하이타워, 사우디아라비아의 알바이트타워, 중국의 핑안파이낸스센터 등 단 4곳뿐이다. 여러 시설이 입주한 이곳엔 신동빈 롯데그룹 회장의 집무실부터 롯데그룹의 경영혁신실, 4개 BU(현재 HQ), 롯데물산, 롯데케미칼 등이 자리해 있다. 이외에 42~71층과 108~114층은 오피스텔이, 76~101층은 호텔롯데가 운영하는 6성급 호텔 시그니엘 서울이 들어서 있다.

2010년 착공돼 2016년에 완공된 후 2017년 4월에 개장된 롯데월드타워는 현재까지 2억 명이 방문한 서울의 명소다. 그만큼 롯데그룹의 인지도나 평판이 높아진 건 이미 주지의 사실. 국내 경제 전반에 미친 효과도 꽤나 크다.

롯데그룹에 따르면 건설 단계에서 생산유발 효과 4조4000억원, 부가가치 유발 효과 1조5000억원, 6000여 명의 고용을 창출했다.

마천루의 가장 확실한 조건은 '입지'

고층빌딩, 그러니까 마천루를 논할 때 빠지지 않고 등장하는 인물이 미국의 45대 대통령 도널드 트럼프다. 그는 대통령이 되기 전 이미 부동산 개발과 투자로 부를 일군 세계적인 갑부다. 그는 또 풍수 마니아다. 풍수가 돈을 벌게 해주기 때문에 활용한다고 입버릇처럼 말하곤 했다. 그가 강조한 부동산(마천루) 풍수는 "입지(Location), 입지, 그리고 또 입지"다. 터만 좋다면 시세보다 50~100% 돈을 더 주고서라도 매입했다. 김두규 우석대 교수는 부동산 개발업자 시절 트럼프는 좋은 입지에 대해 4가지 기준을 제시했다고 말한다.

"첫째, 전망이 뛰어난가. 주변에 강이나 숲 혹은 한적한 길이 있으면 좋은 전망을 제공하기에 충분한 것이죠. 이 가운데 특히 물을 중시했어요. 둘째, 주변에 명성을 높일 수 있는 건물이 있는가. 예컨대 유엔본부가 있는 곳 옆에 건물을 짓는 것이에요. 셋째, 성장 가능성이 있는 변두리 지역 중에 그 가치가 드러나지 않아 주차장이나 공터로 남아 있는 곳인가. 넷째, 쇼핑·교통·교육·종교 활동이 편리한가 등이에요. 많은 사람이 입지를 선정할 때 마지막 항목을 중시하는데, 트럼프는 이 마지막 항목을 최종 고려사항으로 봤어요."

김 교수는 "트럼프가 생각하는 마천루는 도시의 중심을 장악해 랜드마크가 되는 게 가장 큰 목적"이라며 "랜드마크가 되는 건축물은 그것이 주는 강렬한 기운으로 말미암아 해당 도시를 대표하고 그 도시를 찾는 이들의 지향점이 되기도 한다"고 덧붙였다. 언뜻 잠실벌 중심에서 서울을 내려다보고 있는 롯데월드타워가 떠오르는 설명이다. 마천루는 가까이서보다 멀리서 볼 때 더 높게 느껴진다. 자연스레 모든 이들의 시선이 집중된다. 건물 내부에선 사방의 시야를 넓게 확보하게 해 그곳에서 업무를 보거나 거주하는 이들에게 자신이 세계 최고의 자리에 있다는 자부심을 갖게 한다. 여기서 잠깐, 그럼 롯데월드타워가 뿌리를 내린 잠실은 어떤 터일까.

뽕나무 심고 누에 치던 섬, 잠실

서울 송파구 잠실은 본래 섬이었다. 지금과는 달리 한강 이남이 아니라 이북에 가까웠다.

대동여지도를 비롯한 옛 지도에는 강북 쪽의 강폭이 좁고 강남 쪽은 넓었다. 그래서 1970년대까지 잠실은 성동구에 속했다. 잠실(蠶室)이란 지명은 뽕나무 심고 누에 치던 곳이란 의미다. 실제로 조선시대엔 그러한 곳이었다. 그 시절 잠실은 도성에서 남한산성으로 가는 지름길이었다. 이곳에서 배를 타고 삼전도에서 내린 후 남한산성에 올랐다. 남한산성은 유사시 임금의 피란처였기에 뱃길이 닿는 잠실이 중요했다. 세종 때 잠실에 삼전도나루가 생기자 판교와 용인을 거쳐 영남으로 가려는 이들이 몰려들었다. 배가 자유로이 드나드니 물류가 집중됐고 유통이 활발해져 큰 장(場)도 섰다. 조선 후기에는 한강변에 들어선 장 중 송파장이 가장 컸다.

잠실은 1970년대부터 모습이 바뀐다. 1971년 공유수면을 매립하고 북쪽 땅을 파서 남쪽 송파강을 매립했고, 그로 인해 강북이 아니라 강남으로 붙게 된다. 이때 행정구역도 성동구

에서 송파구로 이동했다. 지금의 석촌호수는 송파강을 매립할 때 남겨 놓은 것이다.

김두규 교수는 "흔히 이상적인 풍수입지를 배산임수(背山臨水)라고 하는데 그건 농경사회의 이상적 입지조건"이라며 "상업과 관광의 이상적 입지는 배수면가(背水面街)"라고 전했다. 뒤로 강(바다)이 있고 앞으로 큰 도로가 있어야 번창한다는 말이다. 배산임수와 배수면가를 음택근산(陰宅近山)과 양택근수(陽宅近水)로 표현하기도 한다. 무덤은 산을 가까이해야 하고 산 사람의 집은 물을 가까이해야 한다는 말이다. 김 교수는 "돈을 벌려면 물을 가까이해야 한다"며 "이러한 관점에서 보면 롯데월드타워는 한강 부근에 입지해 풍수에 부합한다"고 덧붙였다. 물에 대한 설명은 풍수 고전 '장서(葬書)'에서도 확인할 수 있다. 이 책은 "풍수의 법은 물을 얻음을 으뜸으로 삼고 바람을 갈무리함을 그다음으로 한다(風水之法, 得水爲上, 藏風次之)"는 문장으로 압축된다. 조선시대 전통 풍수서인 '택리지(擇里志)' 역시 이에 대해 다음과 같이 정리하고 있다.

"물은 재록(財祿)을 맡은 것이므로 큰 물가에 부유한 집과 유명한 마을이 많다. 비록 산중이라도 간수(澗水·계곡물)가 모이는 곳이라야 여러 대를 이어가며 오랫동안 살 수 있는 터가 된다."

롯데월드타워는 한강이 동쪽에서 들어와 북쪽을 감싸고 돈 후 서쪽으로 흘러나간다. 남쪽에는 석촌호수가 있다. 사방 어느 곳에서도 물을 조망할 수 있다. 물을 재물로 받아들이는 사업가들이 좋아할 요소다. 실제로 롯데월드타워 시그니엘 레지던스를 분양할 당시 한강이 내려다보이는 정북향의 인기가 가장 높았다. 당시 부동산 업계에선 "강남 자산가 등 슈퍼리치들이 잠실대교가 코앞에 놓인 정북향 레지던스를 풍수지리상 명당으로 여겨 매입하고 있다"는 말이 돌기도 했다.

물에 대한 풍수는 중국과 일본의 그것에서도

강, 백호는 큰길(大路), 주작은 큰 연못(池)이 된다. '물은 재물을 주관하며(水主財), 길은 재물을 운반한다(路運財)'는 것이 그들의 풍수적 관념이다. 이와 같은 관점에서 보면 롯데월드타워 입지는 한강이라는 청룡, 송파대로와 올림픽대로라는 백호, 그리고 석촌호수라는 주작을 갖춘 최상의 길지가 된다.

왕희지의 '필진도' 닮은 롯데월드타워

건물 모양도 풍수의 중요한 조건 중 하나다. 롯데그룹은 롯데월드타워의 형태를 두고 30여 차례나 설계를 수정했다. 한국 전통문화를 이미지화할 수 있는 한옥, 고려청자, 대나무 등에서 그 모습을 취하려다 최종적으로 붓 모양이 됐다. 김두규 교수는 롯데월드타워 모양새의 풍수적 영향을 왕희지의 '필진도(筆陣圖)'로 분석했다. 필진도는 서예의 성인으로 추앙받는 왕희지가 서예 비법을 정리한 책이다. 후손에게 넘겨주며 "천금을 주어도 남에게 넘기지 말라(千金勿傳)"는 유언을 남겼다고 한다.

고 신격호 롯데그룹 명예회장

확인할 수 있다. 우리나라는 전통적으로 풍수의 사신사(四神砂)를 사방의 산으로 해석한다. 즉 뒷산인 현무, 왼쪽 산인 청룡, 오른쪽 산인 백호, 앞산인 주작 등 사방이 산으로 둘러싸인 곳을 이상적이라 여긴다. 반면 중국과 일본의 양기(陽基) 풍수에서 청룡은 흐르는

고 신격호 명예회장의 땅을 보는 눈

땅을 사는 이들은 많지만 그 땅에서 황금을 일구는 이는 손에 꼽는다. 무엇보다 운이 따라야 하는데 이러한 예를 논할 때 롯데그룹 창업자인 고 신격호 명예회장의 안목이 회자된다. 1988 서울올림픽을 앞둔 시점에 올림픽조직위원회가 자금 마련을 위해 지금의 롯데월드몰 터를 팔고자 했다. 하지만 나서는 기업이 없었다. 잡초가 무성한 습지에 불과했기 때문이다. 당시 박세직 올림픽조직위원장이 강매하다시피 롯데에 이 땅을 넘긴다. 지금에 문제가 있더라도 일본에서 수혈할 수 있을 거라 판단했다. 신격호 회장은 이러한 제안을 흔쾌히 수락한다. 이후 이 땅에서 질 좋은 모래가 나왔다. 1925년 을축년 대홍수 때 퇴적된 모래였다. 건설 붐이 일어난 시기에 모래 값은 그야말로 금값이었다. 땅을 사기 위해 쓴 돈이 모래 값으로 충당될 정도였다. 결과적으로 롯데월드몰이 들어선 땅을 구입하는 데 롯데는 그리 큰돈이 들지 않은 셈이다.

김 교수는 "왕희지는 글을 잘 쓰는 것은 전쟁과 같다며 종이(紙)는 전투를 치르는 진지(陣地)이고, 붓(筆)은 칼과 칼집이며, 먹(墨)은 장수의 투구와 갑옷, 벼루(硯)는 성을 넘어오지 못하게 할 해자(城也)라고 했다"며 "종이, 붓, 벼루, 먹을 일러 '문방의 네 가지 보물(문방사보 · 文房四寶)'이라 하는데, 이 문방사보를 갖춰야 필진이 완성되고 그 가운데 붓(칼)이 가장 중요하다"고 강조했다. 그러니까 바로 그 붓이 555m의 롯데월드타워다. 김 교수는 "둥글고 뾰족함(圓尖)이 풍수가 요구하는 길상 조건에 부합하면서도 동시에 칼과 붓을 연상시키기에 충분하다"며 "롯데월드타워가 들어선 잠실의 드넓은 들판이 종이, 석촌호수가 먹물이 담긴 벼루, 롯데월드타워에 붙어 있는 롯데월드몰이 먹"이라고 설명했다.

에비뉴엘 월드타워점의 1층과 2층을 연결하는 샤롯데 계단

아모레퍼시픽 · LG유플러스 · 하이브
용산 갈룡음수의 승자는?
〈渴龍飮水〉

대통령 집무실이 옮겨간 용산은 대한민국 풍수 시장에서 가장 뜨거운 지역이다. 왕이 새로 터를 잡은 곳이라 예사롭지 않을 것이라는 생각에 관심이 집중되고 있다.

하지만 굳이 대통령 집무실 이전을 고려치 않아도 용산은 예로부터 좋은 땅으로 여겨져 왔다. 북악산에서 내려오는 기가 남산을 거쳐서 한강으로 뻗어나가는 길목에 있는 곳이 용산이다. 용산을 놓고 보면 뒤로는 남산, 앞에는 한강이 있는 배산임수의 지형이다. 좋은 땅의 기본적 요건이다.

굳이 풍수적 분석을 하지 않아도 -우리의 아픈 역사이긴 하지만- 용산이 근대 이후 외국 군들의 주요 주둔지였다는 점도 이곳의 지정학적 가치를 보여준다.

이런 용산 땅이지만 기업 사이에서는 한동안 불운의 기운이 가득한 곳으로 치부됐다. 이곳에 자리를 잡은 한때 대기업 반열에 올랐던 국제그룹이 공중분해됐기 때문이다. 프로스

펙스란 스포츠 브랜드로 유명했던 국제그룹은 1984년 용산 한강로2가에 사옥을 지은 다음해인 1985년에 망해버렸다. 국제그룹이 흔적도 없이 사라진 것과 관련해 당시 정치적 인과관계가 있다는 것이 정설이지만 이 건물에 들어선 '다음' 기업의 흥망성쇠를 보면 용산의 기업을 둘러싼 불운은 일회성이 아니다. 국제그룹의 사옥은 이후 한일그룹에 인수됐는데, 한일 또한 1998년 IMF 위기 때 부도를 맞아버렸다. 국제그룹의 사옥은 한때 독특한 모양으로 서울에서 가장 아름다운 건물에 선정되며 용산의 랜드마크 역할을 했지만 여기에 둥지를 트는 기업마다 지독하기 짝이 없는 불운을 겪고 만 것이다.

이에 대해 풍수 전문가 중 일부는 "뾰족뾰족한 상단부 등 곳곳에 돌출된 건물 외관이 관상학적으로 길하지 못하다"고 보기도 하지만, 지금까지도 건물이 존재하고 기업의 사옥으로 쓰이고 있는 것을 감안하면 기업의 불운

을 무조건 용산 땅의 기운으로만 치부하기는 어려워 보인다.

김두규 우석대 교수는 이와 관련해 "국제그룹의 사옥이 지어질 당시 이 일대에 높은 건물은 거의 찾아볼 수 없었고, 독특하게 지어진 사옥만 부각되는 형국이었다"면서 "그러다 보니 과한 해석이 많이 들어간 측면이 있다"고 했다. 그러면서 김 교수는 "굳이 풍수적으로 설명하자면 당시 용산 일대는 우뚝 솟은 건물이 없어 국제그룹 사옥이 독보적인 존재였지만, 이로 인해 오히려 허허벌판에서 세찬 바람을 오롯이 맞는 형상을 연출하고 말았다"면서 "이런 모습은 딱히 좋은 풍수 환경은 아니다"고 말했다. 이후 국제그룹 사옥에 LS그룹이 들어서고 별 사건 없는 시간들이 지속되면서 용산과 기업과의 악연은 과거로 흘러가버린 듯했지만, 아모레퍼시픽이 2017년 신사옥을 인근에 지으면서 용산의 기업 괴담이 다시 고개를 들고 있다. 공교롭게도 용산에 새로 둥지를 튼 직후 아모레퍼시픽의 기업 사정이 나빠졌기 때문이다.

실적부터 고꾸라졌다. 2019년 5조5801억원이었던 매출은 2021년 4조8631억원으로 하락했다. 이 기간 4278억원이던 영업이익은 3434억원으로 줄었다. 실적 악화에 주가도 속절없이 추락했다. 사옥을 짓기 전 회사의 최전성기였던 2015~2016년 당시 주가는 45만원을 넘었지만 지금까지 회복하지 못하고 있다. 물론 아모레퍼시픽의 이 같은 부

아모레퍼시픽

진을 꼭 용산 땅의 기운 때문이라고 할 수는 없다. 한중 사드 갈등, 코로나19 발발 등 실적이 좋아지려야 좋아질 수 없는 대외 환경이 신사옥을 지은 직후 도래했고, 지금까지 지속되고 있기 때문이다.

또한 현 신사옥 부지가 아모레퍼시픽의 옛 본사가 있는 곳이어서, 땅 자체의 기운이 좋지 않다고 보기에 무리가 있는 측면도 있다. 기업에 좋지 않은 영향을 미치는 용산의 풍수가 있다면, 이곳에서 출발한 아모레퍼시픽이 글로벌 기업으로 성장하기란 녹록지 않았을 공

하이브 사옥

산이 크기 때문이다.

실제 김 교수는 용산에서도 아모레퍼시픽이 있는 일대의 풍수는 나쁘지 않다고 설명한다. 다만 명당이라 하더라도 그 기운을 제대로 받을 수 있는 곳에 터를 잡았느냐는 또 다른 문제라는 지적이다. 즉, '명당의 기'를 받을 수 있는 진혈자리가 중요한데, 이와 관련해 김 교수는 이렇게 설명했다.

"도시화로 인해 건물이 빼곡히 들어선 곳에서는 사실 용맥을 발견하기가 쉽지 않습니다. 이는 상전벽해가 진행되고 있는 용산 일대에서는 더욱 그렇습니다."

다만 김 교수는 진혈자리에 대한 힌트는 있다고 귀띔했다. 조한규 전 세계일보 사장이 전한 이야기라고 한다.

"문선명 통일교 총재는 생전에 이곳이 길지임을 알고 일대를 330억원에 사들였다. 그곳에 세계일보 사옥과 신전 천복궁(天福宮)을 지었다. 그 가운데서도 진혈처로 여긴 천복궁을

빼고 나머지 땅은 3000억원에 되팔았다. 그 돈으로 용평리조트를 구입했다."

팔지 않은 곳은 현재의 철도고등학교 바로 맞은편에 있는 통일교 본부 건물이다.

김 교수는 "철도고 일대의 자리가 좋다는 이야기는 예전부터 있었다"면서 "풍수에 조예가 깊은 문 총재가 끝까지 놓지 않은 용지라면 풍수적으로 꽤 괜찮은 곳이지 않을까 생각한다"고 했다.

이곳은 아모레퍼시픽 및 LS그룹이 있는 곳과는 다소 거리가 있다.

그런데 여기서 재미있는 포인트가 있는데, 이 일대에서 한강 쪽으로 조금만 걸어가면 LG유플러스와 방탄소년단의 소속사 하이브가 세들어 있는 건물이 자리 잡고 있다는 점이다.

원래 LG유플러스의 사옥은 서울역 앞 옛 대우빌딩 뒤편에 있었다. 용산으로 이전한 것은 2015년이다. 사옥을 직접 지어 용산으로 본사를 옮겼다.

서울역 일대는 용산보다 더한 기업 풍수의 흉지(?)다. 기업들이 이곳에 사옥을 세웠다가 모조리 비운의 길로 들어섰다. 서울역 앞 서울스퀘어(옛 대우센터빌딩)는 한때 세계를 호령했던 대우의 본거지였다. 지척에 STX그룹이 사옥으로 지은 STX남산타워도 있다. STX그룹 역시 과도한 사세 확장을 이겨내지 못해 결국 주저앉았다.

LG유플러스도 서울역에 있던 시절 의욕적인 기업 활동에 비해 성과는 그리 좋지 않았다.

통신 3사 중 만년 3위를 벗어나지 못했다.

하지만 사옥 이전 후 회사는 공교롭게도 대외 이미지와 실적 등이 많이 좋아지는 등 도약의 발판을 마련한 분위기다.

용산 이전 후 방탄소년단의 소속사 하이브도 새로 내놓은 그룹이 소위 '대박'을 치면서 사세는 꺾일 줄 모르고 있다.

아모레퍼시픽 일대 기업들 행보와는 묘하게 대비되는 대목인데, 김 교수는 이에 대해 이렇게 설명했다.

"용산 일대의 풍수를 한마디로 표현하자면 갈룡음수(渴龍飮水), 즉 목마른 용이 물을 마시러 오는 형국인데, 아무래도 한강과 가까울수록 용이 물을 더 쉽게 마실 수 있지 않겠습니까. 기운을 더 잘 받을 수 있는 측면도 있겠고요."

LG유플러스가 이를 의식했는지 몰라도 회사

LG유플러스 용산 사옥

는 사옥을 이전하면서 용산의 좋은 기운을 받겠다는 뜻을 감추지 않았다.

회사 앞에는 용 모양의 조형물이 있는데, 그 앞에는 "LG유플러스의 U+를 용(龍)으로 형상화하였으며, 앞으로는 한강, 뒤로는 남산이 받쳐주는 샘솟는 용산에서 LG유플러스가 세계로 비상하는 웅대한 기상을 담은 것"이라는 설명이 곁들여져 있다. 김 교수는 "건축 시 조형물은 풍수 해석에서 중요한 부분을 차지한다"면서 "용이 들어간 지명의 지역으로 사옥을 옮기면서 용의 모습을 본뜬 조형물을 사옥 앞에 설치한 것은 풍수적 측면을 염두에 둔 것이 분명해 보인다"고 했다.

김 교수는 다만 "용산 땅의 단점으로 배수 문제가 있다"면서 "물은 막힘없이 흐르는 길이 중요한데 이런 측면에서 옛 물길(용산강)이 복원되면 용산의 기운은 더 융성해질 수 있다"고 조언했다.

김 교수는 "용산에 물길이 조성되면 용이 자유롭게 드나들 수 있는 길이 생기는 것"이라면서 "이는 용이 날개를 다는 격"이라고 강조했다. 용산과 관련해 알려지지 않은 흥미로운 사실이 있다. 조선시대 이곳에서 기와를 구웠다는 것이다. 김정호가 1840년대에 그린 '수선전도(首善全圖)'를 보면 삼각지와 한강대교 북단 사이에 '瓦署(와서)'라고 표기된 부분이 있다. '와서'는 조선왕조에서 관용 기와를 담당하는 관청이었다. 청와대의 용산 이전과 묘하게 겹친다.

제너시스 BBQ 송파 사옥
'부자의 땅'에서도 돋보이는 터

송파는 남한산(남한산성)을 주산으로 성내천(小川)과 탄천 두 물이 좌우에서 북으로 흐르며 한강과 만나는 곳에 자리한다. 지금 성내천은 토사 퇴적으로 수량이 급감하였으나 한때는 배가 다니기에 충분한 물길이었다. 백제의 최초 도읍지(올림픽공원 일대)가 들어설 수 있었던 이유이다. "산은 인물을 키우고 물은 재물을 늘려준다(山主人 水主財)"는 풍수 격언에 따르면 재물이 풍성할 땅이다. 이곳의 풍부한 물산은 조선조에 삼전도란 큰 나루터를 만들었다. 물길 다음으로 그 땅의 터를 볼 때 재물의 흐름을 주관하는 것이 길(路)이다. 그러한 까닭

에 길을 가수(假水)라고 한다. 롯데월드타워에서 문정동 법조단지로 이르는 큰길(송파대로)과 오금동에서 탄천을 건너 수서로 이어지는 큰길(중대로)이 그것이다. 3수(한강·탄천·성내천)와 2로(송파대로·중대로, 지하철 8호선과 3호선이 지하로 관통)가 모두 재물을 촉진하는 기제로 작동한다.

송파는 비교적 늦게 개발된 곳이기에 기업 본사가 그리 많지 않다. 롯데·영진약품·한미약품·환인제약·AJ네트웍스·보성그룹·대명리조트·BBQ 등이다. 풍수적으로 눈에 띄는 사옥 중 하나가 가락시장 앞 BBQ 사옥이다.

가락시장과 BBQ 사옥

현금 유통 많은 가락시장 앞으로 이전 후 급성장

2019년 문정동에 건립된 보성그룹 사옥(한양타워)은 주변 건물들에 비해 그리 높은 편이 아니다(지상 13층). 그러나 도널드 트럼프가 말한 '전망 만들기'를 통해 사옥의 풍수 가치를 높인 전형이다. 사옥 입면을 대나무 이미지로 하였다. 사측은 "대나무가 군자의 인품·강직함·지조를 상징하기에 그렇게 만들었다"는 설명이지만, 대나무처럼 빠르고 높게 성장하라는 염원이 담겨 있다. 봄비 내린 뒤 죽순(우후춘순·雨後春筍)의 상이다. 또 건물 주변에 작은 정원을 만들고 소나무·바위·대나무 등을 심어 '자연 속의 사옥'을 만들었다. 사람들에게 편안한 믿음을 주기에 충분하다. 트럼프가 말한 '전망 만들기'의 성공적 사례이다.

송파에서 가장 실속 있게 풍수 터를 잡은 것은 BBQ 본사이다. BBQ는 2002년 이곳으로 본사를 옮긴 후, 전 세계 4000여 개의 가맹점을 보유한 기업으로 성장했다. 특히 BBQ가 국민에게 깊은 인상을 심어준 것은 올해 2월 중국 베이징에서 개최된 '베이징동계올림픽'에서이다. 윤홍근 BBQ 회장이 선수단장이 되었다. 경기가 시작하자마자 중국 주최 측의 일방적 편파 판정에 한국 선수들은 기죽고 국민은 분노하였다. 이때 윤홍근 선수단장은 기자회견을 열었다. 국제올림픽위원회(IOC)에 제소하겠다는 강력한 항의는 세계 스포츠 관계자들의 주목을 받았고, 선수들은 힘을 얻었다. 국민을 통쾌하게 하였다.

BBQ 본사 사옥 입지는 절묘하다. 사옥 바로 앞에 위치한 거대한 가락동 농수산물시장은 탁월한 '전망'이다. 매일 새벽 전국에서 올라오는 농수산물이 경매를 통해 서울·수도권 소비자에게 전해지는, 현금 유통이 가장 많은 곳이다.

가락시장 바로 앞은 탄천이 흐른다. BBQ 측은 사옥을 금계탁속(金鷄啄粟) 형국으로 자부한다. 금닭(金鷄)이 가락동 시장에 널브러진 먹이(粟)를 쪼아 먹다가 목마르면 탄천물을 마신다는 길지라는 것이다. 이곳 송파에 처음 나라를 세웠던 온조왕은 이곳을 일러 "한강 남쪽에서 땅이 가장 비옥한 곳(漢水之南土壤膏肥)"이라 하였다. 트럼프 말로 바꿔 말하자면 "돈을 벌게 할 좋은 풍수의 땅"이다.

경기도 이천 치킨대학의 닭 석상

한편 경기도 이천 '치킨대학(BBQ연수원)' 입구에는 동양 최대의 닭 석상이 세워져 있다. 윤홍근 회장의 작품이다. 치킨대학 앞산에는 저명산(猪鳴山)이, 우측 산 너머에는 암캥이산이 자리하는데, 그 삼각 지점에 치킨대학이 들어섰다. 풍수상 '삼수부동격(三獸不動格)'이 되는데, 이를 스토리텔링화했다는 게 BBQ 관계자의 설명이다. '돼지, 고양이, 닭' 이 세 짐승이 긴장 속에서 균형을 유지하는 기운생동의 터이면서 동시에 황금닭이 알을 품은 형국(金鷄抱卵形)임을 드러내고자 했다. 닭 석상을 동양 최고로 만든 데에는 풍수적 이유 말고도, 장차 BBQ가 치킨업계에서 세계 최고의 기업이 될 것이라는 염원을 담았다. 특히 BBQ가 관심을 기울였던 부분은 미래 시장으로서의 중국이다. 중국인들은 닭을 특히 좋아하는데, 중국의 땅 모양이 닭과 닮아서이기도 하지만, 금계(金鷄)가 행운을 가져다준다고 믿기 때문이기도 하다. 이를 염두에 두고 이곳을 찾는 중국인들과 외국인들을 위해 자세한 설명문까지 붙여놓았다. 실제로 닭석상 아래 한글·영어·중국어로 된 설명문이 있는데, 그 내용 중에는 '금계포란'과 같은 풍수 용어가 언급되고 있다. 중국어 설명문 마지막은 "好运连连, 财源滚滚, 大喜不断"이라고 쓰였다. "좋은 운이 계속 이어지고, 재물이 강물처럼 흐르고, 크나큰 기쁨이 끊이지 않아라"는 뜻이다. 이곳을 찾는 이들에게 덕담이지만, 실제로 풍수를 신봉하는 중국인들은 이 문장과 닭석상을 매우 좋아하여 이곳이 포토존이 되기도 한다고 한다. 이 중에는 '금계포란'과 같은 풍수 용어가 언급되고 있다.

Chapter 3
권력과 풍수

김두규 교수가 보는 청와대
북악산 기운 꿈틀대는 용맥
〈龍脈〉

"북악산에서 내려오는 기(氣)가 여기서 응축된 후 출발한다고 보시면 됩니다. 마치 용이 좌우로 움직이면서 내려가는 것처럼 보이지 않습니까? 만일 일직선으로 쭉 뻗어 내려가면 죽은 용으로 보지만 이처럼 굽이치면서 내려가는 모양의 (용)맥은 그 기운이 살아 있다고 볼 수 있습니다."

김두규 교수가 가리키는 산등성이를 따라 쫓으니 그 끝에는 대통령 집무실의 처마자락이 보였다. 74년 만에 문을 활짝 연 청와대를 향한 국민적 관심이 여전히 뜨겁다. 개방 이전 북악산 바로 아래에 있는 청와대는 소수의 사람들만이 누리는 공간이었다. 그래서 대부분이 '카더라'로 내부가 알려졌다고 해도 과언

청와대 전경

이 아니다. 이번 완전 개방 이전에도 사전 신
청을 통해 청와대 경내를 둘러볼 수 있었지만
이 또한 제한된 공간만 허락됐었다. 하지만
이제는 완전히 개방된 덕에 청와대의 속살이
전부 드러나게 됐다.

공개된 청와대는 최고 통치자가 머무는 공간
으로 국가를 대표하는 곳이기도 해 그동안 꽤
많은 공을 들인 흔적이 역력했다. 청와대 본
관을 비롯해, 관저 · 상춘재 · 영빈관 · 오운
정 · 녹지원 · 미남불 등 볼거리도 꽤 많다.
하지만 청와대에 대한 높은 관심 중 하나가
'대한민국의 명당' 때문이라는 것은 부인할 수
없는 사실이다. 이 때문에 청와대 관람 시 풍
수적 관점도 반드시 챙겨봐야 할 포인트다.

청와대 본관: 대통령의 집무와 외빈 접견 등을
위한 공간이다. 1991년 전통 궁궐 건축 양식
을 바탕으로 지어졌다. 팔작지붕에 15만여 개
의 청기와가 얹혔다. 청와대로 불리는 이유이
기도 하다. 본관 뒤편으로 청와대 풍수의 주산
인 북악산이 보인다.

청와대 터가 예로부터 명당이라는 것은 이곳
에서 발견된 '천하제일복지'라는 문구에서도
엿볼 수 있다. 1990년 노태우 대통령 시절
현재의 본관 집무실이 공사를 진행할 때 북악
산 기슭 암벽에서 발견됐다. 그 기원을 알 수
없지만 이 천하제일복지란 언급은 청와대 풍
수에 대한 관심을 다시 불러일으켰다. 하지

만 대중에 공개된 적이 없는 청와대 터는 언제나 미지의 땅이었다. 천하제일복지로 알려졌지만 역대 대통령들의 말로가 좋지 않아 이곳 땅의 기운이 쇠했다거나, 애초부터 명당으로 보기에 부족한 것이 아니었느냐는 견해는 심심찮게 있어왔다. 청와대 터를 둘러싼 풍수 논쟁의 역사는 오래됐지만 그곳을 제대로 들여다본 이들이 없는 상태에서는 서로의 주장만 있을 뿐이다.

이에 매경럭스멘은 청와대 개방을 계기로 이곳의 풍수적 특징들을 들여다봤다. 이를 위해 국내 풍수 학자 중 손꼽히는 김두규 교수와 동행해 청와대 곳곳을 누볐다. 김 교수는 "(자신도) 그동안 접근할 방법이 없어서 현장답사 없이 옛 문헌을 통해서만 연구하고 분석했다"면서 "눈으로 확인하니 이 터의 장단점이 고스란히 보인다. 이제는 더 확실한 근거를 통해서 청와대 터에 대해서 논할 수 있게 된 것 같다"고 말했다.

수궁터: 조선시대 경복궁 신무문 밖 수문사 기능의 군사건물이 있던 곳. 왕궁을 지키는 기능

수궁터

대통령 관저

을 담당했다. 청와대 구 본관 터이기도 하다. 천하제일복지란 표지비석이 있다.

1000년 전부터 위정자들이 관심을 가져온 청와대 터

명당 청와대 터에 대한 관심은 약 1000년을 거슬러 올라간다. 고려 때부터 이곳은 위정자의 관심을 끌었다. 개경을 수도로 두고 있던 고려는 문종 22년(1068년) 현 서울 일대를 남경으로 삼고, 지금의 청와대 지역 인근에 이궁(별궁)을 세웠다. 이후 남경은 한 차례 폐지됐다가 숙종 때 다시 설치됐고, 이궁 또한 증축됐다. 여말에는 남경으로 천도까지 이뤄졌다. 고려 왕실이 다시 개경으로 돌아가는 바람에 남경 수도는 '찰나'에 그치는 듯했지만, 조선이 새 왕조의 거점으로 남경 일대를 정하면서 남경은 명실공히 국가의 중심 무대가 됐다. 하지만 새 왕조의 궁궐터는 이궁이 있던 일대가 되지 못했다. 한 왕조를 상징하는 건축물들을 담기에는 터가 좁은 탓이었다. 그래서 조선 왕실은 남쪽으로 내려가 기틀을 잡았고 그곳이 바로 현재의 경복궁 자리다. 남경 일대는 경복궁의 후원이 됐다.

그러다 후일 이궁 일대 또한 결국 국가 통치자의 집무실이 있는 공간이 됐는데, 출발은 우리 역사의 불행한 시절인 일제 강점기였다. 일제가 지은 총독관저가 이궁이 있던 곳으로 추정되는 인근에 들어섰기 때문이다. 이후 대한민국 초대 대통령부터 2022년 윤석열 대통령이 당선되기 직전까지 국가 최고 통치자들은 이 일대를 벗어나지 않았다. 청와대란 이름은 윤보선 대통령 때 갖게 됐다. 일제 강점기에는 경무대였다.

이런 청와대에 들어가는 길은 여러 갈래가 있지만 그동안 최고 권력자, 대통령만 드나들수 있었던 정문은 경복궁 신무문 맞은편에 있는 곳뿐이다. 정문에 들어서면 북악산 바로 아래 자리 잡은 본관이 맞이한다. 대통령의 집무실이 있던 곳이다. 건물의 웅장함과 함께 15만여 개의 청기와가 시선을 사로잡는다.

대통령 관저: 대통령과 가족의 거주 공간. 본채와 별채로 구성됐다. 전통 한옥 양식으로 지어졌다.

본관 앞에 서면 뒤편의 북악산과 왼쪽에 자리 잡은 인왕산이 청와대 일대를 포근하게 감싸고 있는 모양새를 풍긴다. 본관을 등지고 서면 대정원과 함께 경복궁, 광화문대로가 한눈

경주 방형대좌 석조여래좌상

에 펼쳐진다. 현재의 본관은 노태우 대통령 시절인 1991년 새로 지은 것으로, 북악산과 경복궁 사이의 일직선상에 놓여 있다. 당시 새로 지을 본관의 입지를 정할 때 경복궁과의 관계를 고려했음을 어렵지 않게 짐작할 수 있다. 청와대의 풍수 지형을 엿보기 위해서 일행은 경내 외곽에 해당되는 성곽로로 이동했다. 성곽로는 관저에서 이동할 수 있다. 가파르지 않은 오르막을 올라가면 서울의 지형이 한눈에 들어온다. 오르는 도중 '남경'이 왜 명

당인지 풍수 문외한이라도 알 수 있을 정도로 서울이란 공간의 배치가 참으로 절묘했다. 주산(현무)인 북악산을 배경으로, 백호(인왕산)과 청룡(낙산)이 좌우에 있고, 안산(주작) 격인 남산과 명당수 청계천 등 명당의 조건들이 잘 구비됐다.

김 교수는 "옛 문헌을 보면 수도 서울의 지형을 연꽃에 비유하곤 하는데 여기서 보니 그 뜻을 알겠다"고 했다. 서울 외곽의 산 능선이 완만하게 이어지는 모습을 연꽃에 비유했다는 것이 김 교수의 설명이다.

경주 방형대좌 석조여래좌상: 통일신라(9세기) 때 조성된 불상이다. 석굴암 본존상을 계승한 양식으로, 당시 불상 조각의 높은 수준을 알 수 있는 문화유산이다. 잘생긴 부처, 미남불로 불린다. 보물로 지정돼 있다.

그렇게 성곽로로 향하는 길을 따라 걸어가던 중 북악산에서 내려오는 한 능선을 마주하자, 김 교수의 발걸음이 바빠졌다. 주위를 확인하는 눈길도 덩달아 분주했다. 그 능선은 청와대 경내 평지로 뻗어 내려가고 있었는데, 한눈에 봐도 기세가 예사롭지 않았다.

김 교수는 "저곳이 청와대 터의 중출맥(용맥의 중심)에 해당되는 곳 같다"면서 발걸음을 재촉했다. 아니나 다를까 능선의 끝자락은 청와대 본관 뒤편으로 이어져 있었다. 김 교수는 "명당의 조건 중 하나가 주산에서 내려오

는 기(氣)가 모여서 흐르는 이 같은 맥인데, 와서 보니 이곳의 기세가 참 대단한 것 같다"고 했다. 그런데 한 가지 아쉬운 점이 있다는 것이 김 교수의 설명. 그에 따르면 현 청와대 본관의 위치는 중출맥의 기세가 응축된 진혈자리에 있는 것이 아니라 방맥에 해당된다는 것. 천하제일복지라는 청와대 터여서 방맥도 기운이 좋을 수 있지만 아무래도 진혈자리에 놓인 것만은 못할 수밖에 없다는 것이다.

그렇다면 청와대 풍수의 핵심은 어디일까. 김 교수는 "현 수궁터, 청와대 구본관이 있던 자리가 중출맥의 기세가 온전히 전해진 진혈자리에 해당된다"면서 "주산(북악산)에서 내려온 내룡이 내려앉은 곳"이라고 했다. 현재 이곳에는 천하제일복지라는 표지비석이 있고, 야트막한 동산이 조성돼 있다. 박근혜 전 대통령의 식수도 있다.

녹지원: 청와대 경내에서 가장 아름다운 정원이다. 120여 종의 나무와 역대 대통령들의 기념식수가 있다.

'청와대 흉지설' 근거는 약해

이쯤 되자 청와대 통치자의 불운과 풍수의 상관관계가 궁금했다. 본관이 명당의 본거지에서 비켜 있어서 이곳에 머물렀던 통치자의 끝이 좋지 않았던 것인가 하는 의문이었다. 이에 대해 그는 청와대 곳곳에 있는 '바위' 지형을 주목할 필요가 있다고 말했다. 북악산은

녹지원

바위가 많은 산으로 알려져 있는데, 청와대 터의 불운한 기운을 이야기할 때 종종 거론되는 대목이다.

김 교수는 "바위가 많으면 아무래도 사람이 살기 불편하지 않겠냐"면서 "풍수에서도 마찬가지"라고 했다. 그는 특히 "집무실이 있는 본관, 거처인 관저 뒤편의 암석들이 눈에 띈다"면서 "무시할 수도 있는 것들이지만 풍수 기운적으로는 그렇게 좋은 영향을 주는 것은 아니다"라고 설명했다. 개인에게 직접적 영향을 미칠 수 있는 사저의 위치도 청와대 터의 진혈자리가 아닌 방맥에 해당하는 곳에 있다는

점도 아쉽다고 봤다. 김 교수는 "청와대 경내에 소나무를 많이 심었다는 기록이 있는데 이는 바위산이 가지는 지형의 단점을 보완하기 위한 풍수적 조치의 일환"이라고 설명했다. 청와대 일대의 풍수 단점으로 명당수인 청계천의 물이 많지 않다는 것과 청와대 뒤편 자하문 쪽의 지대가 낮다는 점도 종종 거론된다. 기운이 새는 공간이라는 것이다. 또 서울 전체의 풍수 지형을 놓고 봤을 때 안산인 남산이 화기가 강한 관악산을 막아서지 않고 있는 것도 아쉬운 부분이라는 지적이다. 화기가 강한 지형은 화재가 많이 일어나는 것으로 알

영빈관

려져 있다. 그래서인지 청와대 본관 앞 계단 양쪽으로 드무(청동으로 된 물그릇)가 2개 놓여 있다.

영빈관: 외국 대통령이나 총리 등 국빈 방문 시 공연과 만찬 등의 공식 행사가 주로 열리던 곳이다.

사실 청와대를 포함한 경복궁 일대가 왕조의 터전으로 맞지 않는다는 주장은 조선시대 때부터 있었다. 조선 세종 때부터 이를 둘러싼 논쟁이 벌어졌는데, 당시 풍수관리 최양선, 청주 목사 이진 등이 '흉지설'을 주장했다. 이들 주장의 요지는 "현무인 북악산이 웅장하고 빼어나지만 감싸주지 않고 고개를 돌린 모양

이며 주작인 남산은 낮고 평평하고 약하며, 청룡인 낙산은 등을 돌리고 있으며, 백호인 인왕산은 높고 뻣뻣하고 험하다"는 것이었다.

하지만 김 교수는 이는 풍수의 핵심을 간과한 분석이라는 평을 내놓는다. 그에 따르면 풍수에서 땅을 보는 기본은 용혈위주사수차지(龍穴爲主砂水次之), 즉 용(삼각산에서 청와대로 이어지는 산줄기)과 혈(청와대와 경복궁 터)을 먼저 살피고 그다음에 사(북악산, 인왕산, 낙산, 남산)와 물길(청계천) 순서로 중요도를 둬 살피는 것이다. 이들의 주장은 용(龍)과 혈(穴)을 따지지 않고 사(砂)만 따져서 내린 결론이라고 그는 보고 있다. 김 교수는 "시중의 풍수사들도 이와 같다"면서 "청와대 일대는 길지라고 보는 것이 맞다"고 자신했

다. 그는 "청와대에 들어서면서 받은 첫 느낌이 '포근함'인데, 이는 좋은 땅의 기본 조건"이라면서 "청와대 터를 완전한 길지라고 보기도 어렵겠지만, 1000년 동안 시대마다 한 국가의 근간으로 삼으려 했던 점만 봐도 흉지설은 설득력이 약하다"고 했다.

오운정: 경복궁 후원에 있던 오운각의 이름을 딴 것으로 5색 구름이 드리운 풍광이 마치 신선이 노는 곳과 같다는 의미다.

지기가 쇠했다는 주장과 관련해선, 김 교수는 "땅이 기운을 잃었다면 이렇게 나무가 울창하게 자라겠습니까"라고 되물었다. 그러면서 그는 "청와대 터의 바위 지형의 단점이 꾸준히 제기되고 있지만 생각보다 청와대 경내에 흙으로 이뤄진 지형들이 많이 있다"면서 "와서 보니 중출맥을 따라 내려오는 곳은 대부분 흙으로 이뤄져 있었는데, 이는 굽이쳐 내려오는 용맥이 걸림돌(바위) 없이 순탄하게 내려왔다는 의미"라고 했다.

김 교수는 "걷기만 해도 좋은 기운을 주는 것이 명당의 힘이기도 하다"면서 "와서 건물만 보지 말고 청와대 곳곳을 거닐고, 풍수적 핵심지도 돌아보면서 좋은 기운을 많이 받았으면 한다"고 조언했다.

오운정

풍수·도참에 의해 태어난 청와대와 용산

청와대 터와 용산이 역사에 처음 등장한 것은 고려 숙종 때이다. 서기 1101년이다. 숙종 임금이 그해 9월 남경개창도감(南京開創都監)을 설치하고, 최사추, 임의, 윤관, 음덕전 등에게 명하여 현재의 경기도 일대 지세(地勢)를 살펴보도록 했다. 한 달 후인 10월 이들이 돌아와 보고했다.

"신 등이 노원역(盧原驛·현 노원구 일대)과 해촌(海村·도봉산역 부근), 용산(龍山) 등에 가서 산수(山水)를 살펴보았는데, 도읍을 세우기에는 적당하지 않았으며 오직 삼각산(三角山) 면악(面嶽)의 남쪽이 산의 모양과 물의 형세가 옛 문헌에 부합합니다. 임좌병향(壬坐丙向·남향)하여 형세를 따라 도읍을 건설하기를 청합니다."

그보다 5년 전인 1096년의 일이다. 문종의 아들 숙종이 왕으로 즉위했다. 새 임금이 즉

위하자 풍수술사 김위제가 때를 놓치지 않고 임금에게 글을 올렸다. 김위제는 스스로 도선 국사의 풍수법을 계승했다고 자칭한 인물이다. 그는 고조선부터 내려온 비기(祕記) '신지비사'를 인용했다. 단재 신채호 선생은 '신지비사'를 고조선의 역사서로 평하는데 그 속에 우리 민족의 풍수관이 깊게 배어 있기 때문이다. 풍수는 우리 민족의 역사와 함께한다. 풍수사(風水史)와 민족사는 함께한다. 김위제의 상소 핵심 문장이다.

"삼각산 남쪽이 오덕(五德)을 갖춘 땅으로서 삼각산 남쪽, 목멱산 북쪽에 도읍을 세우면 70개 국가가 조공을 할 것입니다."

'삼각산 남쪽, 목멱산(남산) 북쪽'은 지금의 청와대와 경복궁 터를 말한다. 숙종이 김위제 글에 관심을 가졌던 것은 70개국 조공설이다. 터를 옮기어 천자국이 된다면 이보다 좋을 것

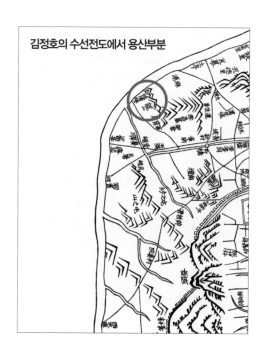

김정호의 수선전도에서 용산부분

이 있을까? 숙종의 아버지 문종도 영민한 군주였으나 풍수설에 깊이 심취했다. 그 아들 숙종이 풍수설을 신봉한 것도 우연은 아니었다. 그러나 숙종은 즉각 상소를 수용하지 못했다. 대다수 신하들이 찬성했으나 유신(柳伸)과 유록숭(庾祿崇)이 반대했기 때문이었다.

이 둘의 반대는 '미신에 빠져 막대한 인적·물적 낭비가 불가하다'는 지극히 상식적인 주장이었다. 반대론이 느슨해질 즈음인 숙종 4년(1099년) 임금은 왕비, 왕자, 대신, 승려들을 이끌고 직접 김위제가 제시한 터(지금의 경복궁, 청와대 터)를 살폈다. 2년 후(1101년) 최사추, 윤관 등에게 다시 한번 가서 도읍

지 터를 살피라고 명한 과정이 앞에서 소개한 내용들이다.

숙종은 왜 개경을 버리고 남경(서울, 경기도 일대)으로 천도를 하려고 했을까? 숙종이 개성이 아닌 '남경'에 도읍지를 옮기고자 한 목적이 무엇이었을까? 안보? 지방 균형 발전? 권력 강화?

정답은 풍수도참설이었다.

숙종 이전의 태조, 문종, 이후의 예종, 공민왕 등 고려 왕들은 말할 것 없고, 조선의 태조, 태종, 세종, 세조, 성종, 선조, 광해군, 숙종, 영조, 정조 등 모두 풍수설을 극진히 믿었다. 숙종이 즉위하자 일관(日官·풍수관

리) 김위제는 당시 유행하던 여러 비기(祕記)들을 인용하여 남경으로 천도할 때 예상되는 상서로운 일을 나열했다.

"사방의 국가들이 조공을 온다(四海朝來 王族昌盛)."
"36개국이 조공을 온다(三十六國朝天)."
"70개국이 조공을 한다(七十國國朝降)."

여기서 말하는 '36개국, 70개국 조공'은 지금의 관점에서 보면 36개 혹은 70개국 대사관이 서울에 있다는 것이다. 숙종이 남경 천도를 했더라면 과연 70개국, 아니면 최소한 36개국이라도 조공을 왔을까? 고려 숙종의 '남경개창도감'에 의해 지어진 곳이 현재 경복궁, 청와대 일대의 이궁(離宮)이었다. 숙종은 여기서 집무를 하지 않았다. 왜 그러했는지에 대한 더 이상의 역사적 기록은 찾을 수 없다. 새 정부가 집무실로 쓰고자 하는 '용산'은 이때 처음으로 등장한다. 그러나 고려의 풍수 관리(日官)와 대신들의 최종 결론에서 용산은 탈락한다. 조선왕조가 들어서면서 개경의 지기가 쇠했다는 이유로 지금의 청와대, 경복궁 터가 조선왕의 '공식 집무실'로 등장한 것이다. 문제는 조선의 왕들이 청와대, 경복궁 터를 집무실로 활용하면서 생겨난 흉지론이었다. 흉지론은 조선왕조 500년 내내 왕들을 괴롭혔다. 그리고 해방 이후에도 역대 대통령들을 괴롭혔다.

청와대, 경복궁 터의 길지론 vs 흉지론 전말

조선은 고려를 멸망시킨 후, 개경을 버리고 한양으로 도읍을 옮겼다. 현재의 경복궁, 청와대 터이다. 그곳은 처음에 길지라고 여겨져 터를 잡은 것이었으나, 곧 흉지설이 불거졌다. 1404년 당시 임금이었던 태종은 조준, 하륜 등 대신 및 풍수사 이양달, 윤신달 등을 불러 터가 잘못됐음을 질책했다.

"내가 풍수 책을 보니 '먼저 물을 보고 다음에 산을 보라'고 했더라. 만약 풍수 책을 참고하지 않는다면 몰라도 참고한다면 이곳은 물이 없는 땅이니 도읍이 불가함이 분명하다. 너희가 모두 풍수지리를 아는데, 처음 태상왕(이성계)을 따라 도읍을 정할 때 어찌 이 까닭을 말하지 않는가."

그러나 의견이 다른 사람들도 있었다. 그 당시의 풍수 관료 이양달, 고중안은 그곳이 길지임을 거듭 강조했다. 이 가운데 이양달은 고려, 조선 두 왕조에 활동한 풍수 관리였다. 훗날 세종은 그 업적을 인정하여 1품 벼슬을 준다. 조선왕조 지관들 벼슬 가운데 최고위에 오른 인물이다. 이양달의 주장을 태종도 무시할 수 없었다. 처음에는 청와대, 경복궁 터를 불신했던 태종이었지만, 이곳에서 왕권을 확립하고 나라를 다스려 조선왕조 기틀을 다졌다. 지금의 경복궁, 청와대 터가 흉지라는 논쟁은 세종 15년(1433년)부터 있었다. 당시 풍수 관리 최양선이 장본인이다. 이후 30년의 긴 세월이 흘렀다.

"경복궁의 북쪽 산이 주산이 아니라, 목멱산 (남산)에서 바라보면 향교동(현재 운니동 부근)과 이어지는 승문원(현재 현대사옥 일대)의 자리가 실로 주산이 되는데, 도읍을 정할 때에 어째서 거기다가 궁궐을 짓지 아니하고 북악산 아래에다 했을까요."

여기에 청주 목사 이진도 가세를 했다. 이진 은 박학다식한 데다 정치적 능력도 탁월하여 조정에서 신임을 받은 유신(儒臣)이었다.

"대체로 궁궐을 짓는 데 먼저 사신(四神)의 단 정 여부를 살펴야 합니다. 이제 현무인 백악 산(북악산)은 웅장하고 빼어난 것 같으나 감 싸주지 않고 고개를 돌린 모양이며, 주작인 남산은 낮고 평평하여 약하며, 청룡인 낙산은 등을 돌려 땅 기운이 새나가며, 백호인 인왕 산은 높고 뻣뻣하여 험합니다."

현재 시중의 술사들이 청와대 터가 흉지라고 주장하면서 마치 자신들의 독특한 풍수관인 것처럼 떠들고 있으나, 최양선과 이진의 주장 에 이미 다 지적된 내용이다. 이진이 유학자 이면서 풍수에 능했다고 왕조실록은 기록하고 있으나, 이진의 맹점은 풍수의 핵심을 간과했

다는 것이다. 풍수에서 땅을 보는 기본은 '용 혈위주사수차지(龍穴爲主砂水次之)'로 요약된 다. 즉, 용(삼각산에서 청와대로 이어지는 산 줄기)과 혈(청와대와 경복궁 터)을 먼저 살피 고, 그다음에 사(북악산, 인왕산, 낙산, 남산) 와 물길(청계천) 순서로 중요도를 두어 살피는 것이 풍수 기본이다. 그런데 이진은 용과 혈은 따지지 않고, 사만 살핀 것이다. 풍수의 본말 을 모른 것이다. 현재 시중의 풍수사들 대부분 도 이와 같다. 풍수설을 신봉했던 세종도 진지 하게 생각하지 않을 수 없었다.

"최양선은 미치고 망령된 사람이라 실로 믿을 것이 못 된다. 그러나 무식한 나무꾼의 말도 성인이 가려듣는다 했다. 나무꾼보다는 최양 선이 나을 것이기에 전 청주목사였던 이진을 시켜 최양선과 함께 목멱산에 올라가서 바라 보게 했더니, 이진도 역시 최양선의 말이 옳 다고 한다. 대체로 지리서란 속이 깊고 멀어 서 다 알기 어렵지만 높은 데 올라서 보면 주 산의 혈맥은 볼 수 있을 것이다."

세종은 풍수에 능한 자들과 논의해야 한다고 승정원에 지시했다. 황희, 신상 등과 도승지 안숭선은 임금의 명을 받고 직접 남산에 올랐 다. 풍수관리 최양선, 이양달, 고중안, 정앙 등 풍수에 능한 대신들로 하여금 토론케 하고 경복궁 뒷산인 백악산 산줄기를 살폈다. 그들 의 토론에서 두 가지 의견이 나왔는데, 이양

달, 고중안, 정앙과 같은 풍수 관리들은 경복궁 길지설을 말했다. 반면, 최양선 등은 흉지설을 주장했다. 경복궁 길지설을 주장하는 측의 의견은 이러했다.

"백악산은 삼각산 봉우리에서 내려와 보현봉이 되고, 보현봉에서 내려와 평평한 언덕 두어 리가 되었다가 우뚝 솟아 일어난 높은 봉우리가 곧 북악입니다. 그 아래에 명당을 이루어 널찍하게 바둑판같이 되어서 1만명의 군사가 들어설 만하게 되었으니, 이것이 바로 명당이고, 여기가 곧 명당 앞뒤로의 한복판이 되는 땅입니다."

결론이 도출되지 않자 세종이 직접 백악산에 올라가 지세를 살피면서 동시에 양측의 주장을 청취하고 결론을 내렸다.

"오늘 백악산에 올라서 오랫동안 살펴보고, 또 이양달과 최양선 등의 양측 말을 들으면서 여러 번 되풀이로 살펴보니, 보현봉의 산맥이 곧게 백악으로 들어왔으니 지금의 경복궁이 제대로 된 명당이다. 최양선은 미치고 망령된 사람으로 실로 믿을 것이 못 된다."

청와대·경복궁 터와 관련하여 세종의 풍수 행위를 살펴보면 진정 성군의 덕목이 드러난다. 그는 대신들과 풍수관리들의 풍수설을 경청하였을 뿐만 아니라 직접 북악산까지 올라

가봤다.

또한 풍수설을 바탕으로 청와대·경복궁 터의 풍수상 길흉 여부를 결정한 것이다. 흥미로운 것은 자신은 주산인 북악산을 직접 올라가고, 대신들과 풍수관리들은 객산인 남산을 올라가게 한 점이다. 객산인 남산을 세종 임금이 가보지 않은 것은 그곳은 '아랫것'인 손님의 땅이기 때문이었다.

세종의 뒤를 이은 문종과 단종 역시 최양선을 싫어했다. 하릴없는 최양선은 고향 서산으로 은퇴했다. 그러나 세조가 집권하자 최양선은 다시 경복궁 흉지설을 주장하는 글을 올려 세조와 대면 기회를 가졌다. 서기 1464년(세조 10년)의 일로, 그때 최양선 나이는 80세가 넘었다. 그러나 그의 주장은 동석한 후배 풍수관리 최연원에게 여지없이 논박당했다. 세조는 나이 많은 최양선을 벌하지 않고 웃으면서 의복을 주어 내보냈다. 이때 장면을 사관은 다음과 같이 기록하고 있다.

"성질이 우활하고 기괴하며 험악하여 자기 소견만이 옳다 하고 … 술법을 잘못 풀면서 음양·지리에 정통하다고 하니 천하의 미친놈이다."

경복궁 흉지설은 조선 초 30년 동안 조정과 전국을 흔들었던 사건인데, 최양선 한 사람에 의해 집요하게 조작된 것이다.

안타까운 것은 최양선을 논박한 풍수학인 최

연원(崔演元)의 운명이었다. 최연원은 풍수지리와 역술에 해박한 지식과 논리를 갖추었다. 그 까닭에 최양선에 의해 제기된 30년 동안의 청와대·경복궁 터 흉지론을 단 한 번의 논쟁으로 마무리 짓는다. 그의 주장은 왕조실록에 전문이 남아 있다. 지금도 청와대·경복궁 터 흉지론을 주장하는 풍수사들이 있다. 그들이 최연원의 주장 전문을 읽어본다면 더 이상 흉지론을 주장하지 못할 것이다.

그렇게 뛰어난 최연원은 '남이 장군 역모'에 연루되어 인생이 꺾인다. 모든 직책을 빼앗기고 변방에 충군되어 고생하다가 성종 때 군역에서 풀려나지만, 더 이상 풍수관료(지관)로 활동하지 못한다. 남이 장군 역모 사건에 연루되었다고 하지만 최연원에게는 너무 억울한 것이었다. 남이 장군이 최연원에게 운명을 점쳐 달라고 부탁을 하고, 이때 최연원은 남이 장군에게 "장군의 운명은 불행하게 끝납니다"라고 했다. 그것이 전부였다. 그럼에도 역모에 걸린 것이다.

그곳에 살았던 3대를 보면 터의 길흉을 알 수 있다. 조선 임금들의 통치 행위가 이루어진 경복궁을 살펴보자. 지금의 영토 형태를 대부분 갖춘 것도 태종부터 세종까지, 경복궁에서 통치가 이루어지고 있던 시기였으며, 조선의 가장 위대한 업적이라고 할 수 있는 한글 반포도 경복궁 통치 당시였다. 왕권 확립과 문화 융성을 동시에 달성한 세조, '경국대전'을 완성하고 배포한 성종까지, 조선의 전성기는 경복궁(지금의 청와대 터)에서 시작되고 완성된 것이다.

경복궁 터가 '흉지'라서 조선왕조가 망했다고 말하는 풍수술

경복궁 터가 '흉지'라서 망했다고 말하는 풍수술사도 있지만, 500여 년이나 지속된 왕조를 망했다고 표현하는 것은 어폐가 있다. 단일 왕조 평균 유기 기간은 세계적으로 봤을 때 200년 정도다. 그 배 이상의 생명을 유지한 왕조에는 어울리지 않는 말이다.

물론, 조선이 망할 뻔한 순간도 있었다. 임진왜란 때다. 오히려 임진왜란으로 망한 나라는 조선을 도운 명나라였다. 군대를 파견했다 그 공백을 파고든 여진족에게 나라를 빼앗긴 것이다.

현대사에서는 경복궁 터가 흉지라는 풍수술사의 말이 유효할까?

경제대국의 기반을 닦고 절대 빈곤을 해결한 박정희 전 대통령, 올림픽 역사상 가장 의미 있는 순간을 만들어낸 서울올림픽을 개최한 노태우 전 대통령, 노벨평화상 수상으로 국격을 높인 김대중 전 대통령(월드컵 4강 신화도 빼놓을 수 없다) 모두 청와대에서 역사를 이루어냈다.

노무현 전 대통령은 어땠을까? 민주주의를 진일보시킨 서민 대통령으로 유엔 사무총장을 배출해냈다. 10대 경제 대국, 6대 군사 강국으로 확고히 자리 잡은 대한민국은 세계 최

세종대왕

고의 문화 선진국이자 단기간에 근대화와 민주화, 세계화에 성공한 유일한 나라다. 이 모든 것이 청와대가 대통령의 공간이었을 때 이루어진 업적이다.

헤겔은 이렇게 말했다. "이성(Vernunft)은 그것의 자유의지를 역사 속에서 실현하기 위

해 스스로를 공물로 삼지 않고 정열과 야망을 지닌 개인을 활용한다." 대통령의 불행한 말로는 개인의 불행이다. 절대 국가의 불행이 아니다. 영웅과 마찬가지로 대통령 또한 헤겔이 말한 "역사의 하수인"으로서 존재한다. 알렉산더, 시저, 나폴레옹이 그랬던 것처럼, 때

가 되면 가차 없이 버려지고 용도 폐기된다. 그것이 한 나라를 이끄는 지도자의 운명이다. 집무실을 옮기는 것이 열정과 야망이 아니라 터의 길흉 때문이라면, 그것은 지도자로서의 운명을 받아들이지 않겠다는 의미다.

그렇다면 청와대가 절대적으로 길지라는 말인가? 시대와 사회를 초월하여 절대적 길지와 절대적 흉지는 없다. 조선이라는 특수 상황에서 경복궁·청와대 터가 길지였다. 중국, 몽골, 여진, 일본, 왜구에 조선은 늘 시달렸다. 군사적으로도 경제적으로도 강국이 아니었다. 중국 천자국의 도움으로 제후국으로서 조용히 '찌부러져' 존속했다. 중국 이외에 그 어느 나라와도 교류 없이 연명했다. 이를 고려하면 사방이 산으로 둘러싸인 '산 풍수' 청와대·경복궁 터는 적격이다.

윤명철(동국대 명예교수, 우즈베키스탄 국립 사마르칸트대학 교수)은 이와 같이 지적했다.

"한양은 조선 지식 관료들의 수도, 방어적인 약소국의 수도로는 적합한 환경이었다. 반면에 국가산업과 상업, 무역을 발전시키는 경제도시, 개방적인 국제도시의 역할로서는 부족하다. 따라서 시설들을 보완하고, 도시 시스템을 변화시켜야 했다. 사대문, 사소문과 연결된 육로를 확장하고 신도로를 개설해서 사통팔달하게 만들어야 했다. 한강에는 자연 나루터가 아닌 부두를 신축하고 창고, 시장 시설을 보완해 항구들을 개발해야 했다. 청계천

을 계속 준설해 수로망으로 활용하고, 고구려의 평양성처럼 용산강에서 남대문까지도 수레 길이나 운하를 건설해야 했다. 외곽 도시들, 특히 인천, 김포, 강화 등에 항구도시들을 개발해 한양과 유기적인 시스템을 구축했어야 했다. 또 강변 방어 체제를 촘촘하게 쌓고 강상수군도 양성해야 했다."

바로 이 점에서 청와대 터는 우리 시대 대통령 집무실로는 맞지 않다. 용산 터가 바로 우리 시대에 더 적절한 대통령 집무실일 수 있다. 문제는 용산의 '어디가 진혈처인가?'이다.

용산 풍수의 특징과 역사

용산이 도읍지 후보로 우리 역사에 처음 등장한 때는 고려 숙종 1101년이라고 앞에서 언급했다. 청와대 터와 용산 터는 지금은 같은 서울시 행정구역으로 가까운 거리에 있으나 풍수상 전혀 다른 공간 구조와 성격을 갖는다. 간단히 비교하면 다음과 같다.

청와대 터는 주산 북악산 바로 아래에 있고, 용산은 주산인 남산에서 한참 떨어져 있다. 풍수 고전 '금낭경'은 이를 '고산룡'과 '평지룡'으로 구분한다. 고산룡의 터 청와대·경복궁은 삼각산 높이로 솟은 데서부터 내려오는데, 생기(生氣)가 드러나 흩어지기 쉬우므로 바람이 두렵다. 이 단점을 보완해주는 것이 바로 북악산, 인왕산, 낙산, 남산이다. 사방을 산으로 감싸주어 길지가 된다. 이런 형국을 '장

풍국(藏風局)'이라고 무라야마 지준은 명명했는데, 이를 우리는 '산 풍수'로 바꾸자고 제안했다.

평지룡 터는 평지에서 솟은 것인데, 생기는 땅속으로 가라앉으므로 바람 부는 것을 두려워하지 않는다. 사방에 산이 없더라도 좋다. 다만 이때 기의 흐름을 멈춰줄 수 있는 큰물이 필요하다. 용산이 바로 그러한 평지룡의 터이며, 이때 필요한 물은 한강이다. 따라서 용산은 한강이 있음으로써 길지가 된다. 전통적으로 이와 같은 형국을 '득수국(得水局)'이라 불렀지만, 우리는 '물 풍수'라 부른다.

장풍국(산 풍수)인가, 득수국(물 풍수)인가에 따라 기(氣)가 다르다. 기는 인간과 사회에 영향을 끼쳐 그 결과 역사가 달라진다. 산 풍수가 인물, 권력, 명예, 명분의 땅이라면, 물 풍수는 재물, 예술, 문화의 땅이다. 장풍국은 폐쇄적이며, 득수국은 개방적이다. 한강 변의 용산이 역사서에 등장하는 것은 '고려사'에서였지만, '용산'이란 지명은 아주 오래전부터 우리 민족과 아주 깊은 인연이 있었다.

"고구려의 건국자 주몽(추모)이 죽어 묻힌 곳이 용산이었다. 고구려의 두 번째 수도 국내성에도 용산이 있는데 장군총이 그 아래에 있다. 또 오녀산성을 용산으로 부르기도 한다. 중국과 마찬가지로 고구려도 임금을 용구로 인식했다. 용산은 용의 머리, 즉 가장 위대한 자의 땅을 말한다."(윤명철 교수)

일본과 조선의 도읍지 풍수를 비교하면 쉽게 이해된다. 교토와 에도(도쿄)는 물 중심으로 터를 잡았으나, 조선왕조는 산을 고집했다. 산은 사람을 고립시키지만, 물은 사람을 모은다. 그 결과 일본과 조선의 운명이 달라졌다. 일본은 19세기에 이미 해상강국이 되어 제국주의 열강 대열에 진입했다. 반면 조선은 끝까지 성리학이란 계급 독재에 매몰되어 쇄국을 고집하다가 망했다. 이 부분에서 역사학자 윤명철 교수의 견해와 부합한다. 윤 교수는 용산의 장단점을 다음과 같이 정리했다.

"용산은 '강해(江海) 도시'이다. 긴 강의 하구로서 효율성이 높은 바다가 이어지는 접점에 있는 '하항도시'와 해안가의 '해항도시'라는 두 개의 성격을 동시에 가졌다. 강해 도시는 첫째, 교통의 허브(hub)라는 유리함을 이용하여 중개업을 하고, 외국과 무역에 유리하다. 농산물과 수산물, 내륙의 임산물·광산물 등을 유리한 조건으로 공급받을 수 있다. 둘째, 정보와 문화의 허브 역할에도 유리하다. 내륙에서는 차단된 대외적인 정보들과 국제정세들을 신속하고 정확하게 입수할 수 있다. 해양문화와 외국문화들도 여과 없이 전달될 수 있다. 셋째, 문화의 수입처이면서 생산처이고, 동시에 배급처 기능도 했다. 한강 중류와 하류 지역에서는 고대 중국 지역의 수입품들이 많이 발견되었다. 고려 말까지 용산강 일대는 10리의 길고 아름다운 호수였다. 이 때문에 고려 시대에는 개경 사람들의 유람지였다. 그런데 조선 초에 건너편인 염창 부근의 모래 언덕이 붕괴되면서 물이 들어와 용산강으로 변했다. 당연히 남대문과 가까운 이곳은 지방에서 온 세곡 수송선들이 집결하는 항구가 됐고, 더불어 모든 물류망의 거점이 되었다.

용산에 크고 견고한 부두 등을 건설하여 개경의 벽란도처럼 국제적인 항구로 만들 필요가 있었다. 그리고 조선 초에 하륜이 제안했던 것처럼 도성까지 운하를 건설했다면 한양은 국제적인 수도가 될 수 있었고, 조선과 조선 사람들의 운명도 많이 달랐을 것이다. 이러한 이점과 필요성을 인식해 일제도 남대문까지 운하 건설을 예정했었다. 그 후 300여 년이 지나면서 한강의 수위가 낮아졌고, 염창 모래 언덕에 진흙이 쌓이면서 물이 들어올 수가 없었다. 당연히 조운 선박들은 조금 더 하류 쪽인 마포와 서강 방면으로 후퇴했다.

만약 산기슭의 풍수 도시인 한양(산 풍수)과 한강이라는 천혜의 부두를 갖는 용산 지역(물 풍수)을 유기적으로 연결시키면 서울 지역은 '수륙교통'과 '해륙교통'이 교차되면서 상호 호환성을 지닌 강해 도시이자 안정성과 미학적 가치가 뛰어난 이상 도시가 됐을 것이다.

수도의 선택은 정권의 운명이 아니라 국가의 운명과 백성의 생존이 걸린 문제이므로 실용성, 국제 질서, 국가 미래를 고려해야 한다. 무엇보다도 국민이 공동 책임을 지는 현대 민주주의 사회에서는 국민의 합의와 책임 의지

의 점검이 우선임을 잊어서는 안 된다."

윤명철 교수의 용산 풍수(물 풍수)의 이점은 위와 같다.

진실로 윤석열 대통령이 '지도자의 위대한 직관'으로 '신속한 용산 시대'를 열고자 하는 걸까? 직관(Anschauung)이란 하느님이 인간에게 부여한 초월적 힘이다. 막스 베버가 말한 '카리스마적 지도자' 역시 직관을 바탕으로 한다. 베버의 카리스마 개념은 중세 독일의 신비주의자 마이스터 에크하르트까지 거슬러 올라간다.

에크하르트는 이와 같이 말했다.

"살아가는 어느 순간 외부 세계로부터 고개를 돌려라. 눈을 감아라. 그리고 내면을 투시하라. 어느 순간 자신의 내면에서 신의 계시와도 같은 영혼의 불꽃이 타오를 것이다."

그 영혼의 등불로 인간과 사회 그리고 대지를 비추어본다면 누구나 예언자가 될 수 있을 것이다. 위대한 지도자들에게는 분명 '카리스마'가 있다. 광복 이후 우리 대통령들 가운데 그러한 직관으로 더 나은 대한민국을 만들고자 집무실을 옮기려고 한 대통령이 있었다. 박정희 전 대통령과 노무현 전 대통령의 천도론이 그것이다. 그러나 그들은 좌절했다.

박정희와 노무현의 천도론과 대선 후보들의 집무실 이전론, 대통령 집무실 이전 논의

는 이번이 처음은 아니다. 박 전 대통령과 노 전 대통령은 집무실뿐만 아니라 수도를 아예 옮기려 했다. 특히 박 전 대통령은 이에 대해 진지하게 고민했다. 그는 이승만 대통령이 6·25전쟁 직후 수도 이전을 하지 못한 것을 아쉬워했고, 대덕연구단지를 건설할 때에는 그곳을 수도로 염두에 두지 못한 걸 후회했다. 그래서 그는 1977년 '행정수도' 건설을 발표하게 된다. 인구 집중, 국토 발전 등 이유는 다양했지만 '북한의 사정거리 안에 서울이 들어 있다'는 사실이 가장 컸다.

단장 오원철을 중심으로 임시행정수도 건설을 위해 기획단이 구성됐고, 암호 '백지계획'으로 진행되었다. 충남 공주시 장기면(현 세종시 장군면) 일대가 바로 그 터다. 특히 진산 국사봉에는 김종서 장군(세종 때 인물)의 무덤이 있어 쉽게 찾을 수 있다.

그러나 1979년 대통령 서거와 함께 백지계획은 문자 그대로 백지화되었다.

그로부터 20여 년 후, 대선후보였던 노무현 전 대통령은 2002년 당시 '신행정수도 건설' 공약을 내세웠다. 국가균형발전을 위해 충청권으로 행정수도를 옮기자는 내용이었다. 대통령에 당선되고 그는 신행정수도건설추진단(단장 이춘희, 전 세종시장)을 만들었다. 그러나 이 또한 헌법재판소 위헌판결로 인해 '백지화'되고 말았으며 그 대신 행정부처만 옮기는 '행정중심복합도시 건설안'이 통과되어 지금의 세종시가 탄생했다. 충청권에 수도를 이

미 옮겼더라면 지금의 '대통령 집무실 이전' 논의는 생기지 않았을 것이라고 감히 생각해본다. 천도론은 아니더라도 대선후보들의 집무실 이전론은 줄곧 있었다. 2017년 3월 박근혜 대통령이 파면되자, 대선주자들 가운데 문재인, 안철수, 안희정, 유승민 후보가 대통령 집무실을 옮기겠다고 공약했다. 공약은 실현되지 않았다. 문재인 후보가 대통령에 당선되자 '광화문대통령시대위원회'가 꾸려졌다. 그런데 2019년 1월, 유홍준 위원은 춘추관에서 공약 파기를 발표했다.

"청와대 주요 기능을 대체할 용지를 광화문 인근에서 찾을 수 없다. 그러나 풍수상 불길한 점을 생각할 때 옮겨야 마땅하다."

실수였다. 공약은 지켜져야 했다. 정부서울청사가 집무실로 기능할 수 있었다. 지하철 경복궁역에는 정부서울청사로 연결되는 출입구가 있다(현재는 폐쇄됨). 이 출입구를 통해 길 건너 고궁박물관으로 연결된다. 고궁박물관을 부속실로 활용하면 문재인 대통령의 '광화문 대통령 시대'는 가능했다.

왜 공약을 지키지 못했을까? 대통령이 우유부단했다. 광화문대통령시대위원회와 경호실이 반대하더라도 취임 후 신속하게 집무실 이전을 강행했어야 했다. 시간을 다투는 문제였다. 문재인 전 대통령은 이를 간과했다. 광화문시대위원회에 맡겨놓고 허송세월하다 2

년이 지났다. 이를 안타깝게 여긴 필자는 한 월간지에 장문의 글을 기고했다. 진심으로 빨리 대통령 공약이 수행되기를 바라는 절박함에서였다. 다음은 관련 핵심 문장이다.

"문재인 대통령이 대선공약 '광화문 집무'를 이행한다 하더라도 일러야 2019년에나 가능하다. 임기의 절반을 보낸 뒤의 일이다. 그다음은 어떻게 될 것인가? 만약 지금의 여당이 재집권한다면 문제가 없으나 야당이 집권한다면 광화문 집무실을 활용할지 의문이다. 다시 청와대로 복귀할 것인가? … 도읍지를 옮기는 것만큼은 어렵지 않으나 대통령 집무실 이전도 간단하지 않다. 굳이 해야 한다면 몇 가지 전제하에서 그리고 '공론화' 과정을 거쳐서 이루어져야 한다.

첫째, 세계 10대 경제대국이 된 대한민국이다. 한류는 전 세계를 열광시키고 있다. 이에 걸맞게 대통령 집무실도 국격을 갖추어야 한다.

둘째, 남북통일 후의 수도를 염두에 두어야 한다.

셋째, 현재 과천, 대전, 세종 등으로 분산된 각 부처들과의 관계도 고려해야 한다. 몇 가지 대안을 생각해볼 수 있다.

세종시 전경

첫째, 서울을 떠나 세종시로 옮기는 방안이다. 세종시에는 원래 대통령 집무실을 위해 마련된 공간이 지금도 빈터로 남아 있다. 세종시의 주산인 원수산 지맥을 받은 혈처(穴處)를 그대로 비워두고 있다. 신행정수도건설추진단 단장을 시작으로 처음부터 세종시 건설의 책임을 맡았던 이춘희 현 세종시장의 일관된 철학의 결과물이다. 그러나 이미 헌법재판소에서 '수도 이전이 위헌'이란 판결이 난 만큼 개헌에 가까운 큰 변화가 있어야 세종시로 옮길 수 있기에 현실적으로 어려움이 많다. 그러나 '대통령 집무실 별관'은 충분히 생각해볼 수 있다. 지방균형발전에 도움이 된다.

둘째, 정부과천청사를 대통령관저와 국회의사당으로 활용하는 안이다. 소설가 이병주가 소설 '바람과 구름과 비'에서 도읍이 될 만한 곳으로 묘사한 곳이기도 하다. 웅장한 관악산을 주산으로 그 아래에 대통령궁과 국회의사당이 들어선다면 경제대국에 걸맞은 공간 배치가 될 것이다. 특히 정부과천청사 옆의 '중앙공무원교육원'은 그대로 대통령 집무실과 관저로 활용할 수 있다. 원래(박정희 전 대통령 재직 시) 대통령 집무를 염두에 두고 지어졌기 때문이다. 문제는 행정구역이 경기도이기에 '천도론' 논쟁에 휘말릴 수 있다. 그러나 행정구역 개편으로 이곳을 서울로 편입시킨다면 별 어려움이 없다.

셋째, 사대문 안에서 대통령 집무실을 옮기는 경우이다. 이 경우 몇 가지 후보지가 등장한다.

경복궁 동쪽에 자리한 국립현대미술관 서울관은 10여 년 전까지 국군기무사령부가 자리하던 곳이다. 군사시설이었기에 지하시설도 완비되어 보안상 어려움이 없다. 이곳은 경복궁 내청룡에 해당되는 자리이다. 백호가 예술과 재물을 주관한다면, 청룡은 명예와 벼슬을 주관하는 기운을 갖는다.

이곳이 불가하다면 국립현대미술관에서 조금 내려와 대한항공이 소유하고 있는 송현동 빈터(덕성여자중학교와 종로문화원 사이의 빈터로서 이건희 기증관이 들어설 예정)가 있다. 원래 국방부 소유에서 미국 대사관 숙소 용지로 주인이 바뀌었다가 대한항공이 사들인 곳이다. 7성급 호텔을 지으려다 허가를 받지 못한 곳이다. 이곳에 대통령 집무처가 새로이 들어선다면 경복궁과 함께 우리 민족의 '과거와 현재'를 보여줄 수 있는 입지이다.

또 하나의 방법은 기존 궁궐을 활용하는 방안이다. 경복궁을 대통령궁으로 활용하는 것이다. 광화문을 통해 당당하게 대통령과 관료들이 대통령궁으로 들어가고, 우리나라를 방문하는 외국의 대통령과 사절들도 여기서 맞게 한다. 품격 있는 공간이 확보되면 그에 걸맞게 사람들이 채워진다. 풍수적으로 논란이 된 적이 없는 경희궁도 대통령 집무실로 사용하면 좋을 곳이다.

경복궁, 창덕궁, 덕수궁에 비해 방문객도 그리 많지 않고, 인근의 주요 공공건물들(서울역사박물관, 서울시교육청, 기상청서울관측소)을 부속 건물로 활용할 수 있다. 경희궁은 1617년(광해군 9년) 풍수술사 김일룡이 새문동에 새로 궁궐을 지을 것을 청하면서 세워졌다. 왕기가 서렸다는 이유에서였다. 그곳은 원래 광해군의 이복동생 정원군의 집터였다. 광해군은 이복동생의 집터를 빼앗아 궁궐을 지었으나 인조반정으로 임금 자리에서 쫓겨나고 원래의 주인(정원군과 그 아들 인조) 차지가 된다.

조선이 망한 뒤 일본인 중학교로, 그리고 광복 이후 서울고등학교 터로 활용되다가 최근에 일부가 복원되었다. 풍수적으로 흉지라는 소문이 한 번도 없던 곳이다. 경희궁을 추가 복원하되 내부를 현대식으로 하여 대통령 집무실로 활용하는 것은 어려운 일이 아니다.

남북한이 대치하기에 보안이 중요하다. 경희궁 동쪽 담장과 인접한 곳에 거대한 지하벙커(280평 규모)가 있다. 일제가 미군의 폭격을 대비하여 만들어놓은 피란 시설로서 조금만 손보면 지금도 집무가 가능한 완벽한 지하 벙커이다.

경희궁 뒤쪽의 나지막한 언덕은 대통령과 참모 그리고 행정관들의 산책 공간으로도 좋다. 광해군이 이 터에 유난히 눈독을 들였던 것은 왕기가 서렸다는 이유에서였지만 실제로 그가 생각하는 거처의 이상 조건, 즉 '거처는 반드시 밝고 넓게 트인 땅이어야 한다(居處必取疏明開豁之地)'에 부합했기 때문이다. 풍수의 문외한이라도 경희궁의 정전인 숭정전 앞에서 보면 '밝고 넓게 트인 땅'임을 알 수 있다. 전 세계가 열광하는 한류의 근원지로서 대통령의 집무실이 전통 궁궐 양식이라면 이보다 더 좋은 일이 있을까? 세계경제대국이자 문화강국에 걸맞은 새로운 대통령궁이 탄생하기를 기대한다. 아울러 청와대 흉지론도 더 이상 풍수라는 이유로 언급되지 않기를 바란다. 땅이 무슨 잘못인가?"

만약 문재인 전 대통령이 광화문시대 공약을 이행했더라면, 2022년 3월 9일 대선에서 정권을 야당에 빼앗겼을까? 그리고 과연 '용산 대통령 집무실 이전론'은 등장했을까? 풍수로 대한민국 미래를 논하는 이유이다. 대한민국과 조선 왕조 말고 이웃 일본과 중국, 그리고 조선이 멸망시킨 고려 왕조의 풍수관을 가지고 살펴보자. 미래 대한민국의 국운을 위해 어떠한 풍수관과 어떠한 대통령 집무실 터를 가져야 할지 답을 찾을 수 있다.

광화문

산 풍수 vs 물 풍수

용산 일대 전경

청와대 터와 용산 일대 주요 터를 도표로 대조하면 다음과 같다. 900년 전인 1101년 고려의 윤관, 최사추와 풍수사 음덕전이 눈여겨본 곳(B), 고건 전 총리가 서울시장 시절 지목한 곳(C), 윤석열 대통령이 지목한 곳(A)에 대한 풍수이다.

청와대 터는 북악산의 진혈이다. 그렇다면 용산에서는 어디가 가장 좋은 기운이 뭉쳤을까? 용산의 진혈처에 대해서 시대와 국방 능력에 따라 의견이 다를 수 있다.

우선 윤 대통령이 염두에 둔 국방부 터이다. 국방부 터는 어떤 곳일까? 국방부 터의 족보

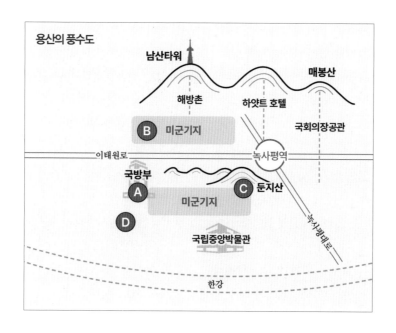

용산의 풍수도

(내룡)를 추적하면 다음과 같다. 남산 → 하얏트호텔 → 승지원 → 이태원 부군당 → 녹사평역 → 둔지산으로 이어지다가 둔지산의 작은 지맥이 둘로 나뉜다. 그 가운데 하나가 국방부 터로 이어지는 작은 능선(언덕배기)이다. 능선 부근은 100년 전 무덤으로 쓰였으며, 그 능선 남쪽에는 민가들이 있었다. 이에 대해서는 한 일간지 기자의 기사 일부를 인용한다.

"용산 기지 100년사를 추적해온 소장 연구자 김천수 씨는 국방부 땅 역사에 얽힌 비장 자료들을 꺼내 조목조목 짚었다. 그가 2014년 일본 방위성 자료실에서 발굴해 2017년 일부 공개한 '한국 용산 군용수용지 명세도'가 핵심 자료다. 이 지도를 보면, 국방부가 있는 언덕 일대가 용산의 원산인 둔지산 자락의 공동묘지로 표기돼 있다. 무덤터를 의미하는 요철 표시(凸)가 뚜렷하다."

900년 전인 1102년인 윤관 장군이 눈여겨본 곳은 B구역으로 추정한다. 그럴 경우 도읍지로서 장단점이 공존한다. B구역은 당시 국방 능력으로 감당하기 힘든 땅이다. B구역은 현재 미군기지가 자리한다. 남산이 주산이며 하얏트호텔에서 녹사평역 그리고 국방부 청사로 이어지는 지맥이 좌청룡겸 안산(주작)이 된다. 청룡은 좋으나 안산이 지나치게 낮다. 남쪽과 서쪽을 막아주는 산이 없다. 명당수는 지금은 복개된 만초천이다. 문제는 만초천과 안산(주작)이 나란히 빠져나가서 기의 누설을 막아주지 못한다는 점이다. 청와대·경복궁 터보다는 더 넓은 터이지만, 외적의 침입에 취약하다. 윤관과 최사추가 도읍지 후보에서 탈락시킨 이유가 아마 이 때문일 것이다.

C구역은 고건 전 총리가 서울시장 재직 시 지목한 자리이다. 북한의 위협이 있다 할지라도 대한민국 국방이 취약하지 않기에 더 이상 사방의 산이 감싸는 것에 구애받을 필요가 없다. 큰 강을 낀 평지룡에 터를 잡아야 국운이 융성함을 알았다. 이것은 필자의 추측이 아니라 고 전 총리에게 직접 들은 이야기이다. 용산을 서울의 '천원(天元·바둑의 한가운데)'의 땅으로 보았다. 서울시청을 이곳으로 옮기려 했다. 막연한 생각만 한 게 아니라 이를 위한 인프라스트럭처를 구축하기도 했다. 지하철 6호선 녹사평역은 서울에서 역사가 가장 깊은 곳이다. 당시 고건 시장이 서울시청을 이리 옮길 것을 대비하여 그렇게 만들었으며, 미군기지로 연결되는 지하철 출입구까지 만들게 했다(현재는 폐쇄되었으나 언제라도 사용 가능하다).

일본이 이상적으로 여겼던 도읍지 공간 모델에도 부합한다.

남산(祖山·조산)에서 녹사평역 고개(過峽)를 지나 솟구친 작은 언덕(岡)이 둔지산이다. 둔지산 좌우로 큰 도로가 있다. 서쪽으로 이태원로, 남쪽으로 녹사평대로가 큰길(大道)과 흐르는 강(流水) 역할을 한다. 그 남쪽에는 한강이 큰물(澤) 역할을 맡는다. 이른바 일본과 고려의 도읍지 이상 모델 '강천도택(岡川道澤)'에 부합한다. 남산의 중심 산줄기(中出脈)는 하얏트호텔 → 승지원 → 이태원 부군당 역사공원 → 녹사평역 → 둔지산 → 미군기지 → 국립중앙박물관으로 이어진다. 풍수에서 산을 용이라 했다. 용은 녹사평역에서 잠깐 엎드려 숨을 고른다. 용이 엎드린 곳은 고개(過峽·과협)가 된다. 과협은 길지를 만드는 필수 조건이다. 잠시 쉰 용은 이어 고개를 쳐들어 한강 쪽으로 머리를 들이민다(入首). 미군기지 내 둔지산은 큰 용이 물을 마시는 황룡음수(黃龍飮水) 형국이다.

어느 곳이 더 좋은가에 대해서는 동시대의 국방능력, 경호, 보안, 도로, 인구, 인문지리, 시대적 한계, 주변 주요 기관 등 다양한 요소가 참고되어야 한다. 풍수만으로 결정할 수 없다.

도표로 정리하면 오른쪽 표와 같다.

용산에 또 하나의 터가 있다. 한양에 대해 김정호가 그린 '수선전도'를 보면 현 국방부가 있는 부분 남쪽에 '瓦峴(와현)'과 '와서(瓦署)'로 표기된 곳이다. 와(瓦)는 기와를 뜻한다. 와서는 기와를 굽는 관청을 말한다. 와현은 기와 고개로 번역할 수 있다. 그런데 인근의

구분	청와대 터	A	B	C	D
간심, 낙점인	고려 숙종	윤석열 대통령	윤관 장군	고건 전 총리	조선 조정
주산	북악산	둔지산	남산	둔지산	둔지산
조산	삼각산	남산, 삼각산	삼각산	남산, 삼각산	남산, 삼각산
내룡	청와대 지맥	둔지산 지맥	해방촌 능선	하얏트호텔 능선	국방부 방맥
고산, 평지, 평양룡	고산룡	평지룡	고산룡	평양룡	평양룡
명당	광활	광활	광활	광활	광활
명당수	청계천	만초천	만초천	한강	한강
진혈처	청와대, 경복궁	국방부청사	미군기지	미군기지	'왜고개' 일대
산수 풍수 구분	산 풍수	물 풍수	산 풍수	물 풍수	물 풍수
형국론	금반하엽형 (金盤荷葉形)	갈룡추수형 (渴龍追水形)	반룡복지형 (蟠龍伏地形)	황룡음수형 (黃龍飮水形)	구룡지지 (九龍之地)

현지명은 왜고개이다. 일본과 관련 있는 지명이다. 구한말 일본군이 점령하여 군부대 및 관사로 쓰면서 고개 이름이 변경된 곳이다. 일대는 철도고등학교가 있다. 명문고였다. 인근에 세계일보사가 들어섰다. 이후 그 일대는 분양되어 아파트 단지가 들어섰다. 건축물이 뛰어나 사람들이 자주 찾는 아모레퍼시픽 사옥도 그 일대이다. 조한규 전 세계일보 사장은 "과거 이곳을 풍수사들은 구룡지지九龍之地라 하였다"고 전했다.

직역하면 '아홉 마리 용의 땅'이라고 할 수 있으나 그런 의미가 아니고 최고의 왕, 즉 천자의 땅이란 뜻이다. 구(九)는 주역에서 말하는 육효(六爻) 가운데 맨 위에 있는 효(爻)이면서 양효(陽爻)이다. 최고의 자리(位)이기에 천자를 상징한다. 즉, 구룡지지는 천자의 땅을 말한다. 눈여겨볼 만한 곳이다. 해양학자인 윤명철 교수의 얘기다.

용산은 기존의 경복궁 청와대 터와는 다른 풍수이다. 새 시대 새로운 대통령의 새로운 집무실로서 과거 폐쇄적 청와대 터의 산 풍수를 버리고 개방적인 한강의 물 풍수로 나아갈 수 있다.

과연 물 풍수의 나라여야 국운이 흥하는가?

용산 풍수의 완성은 만초천과 밤섬 복원

건국 시조(태조)는 천년 사직을 생각하고, 기업 창업주는 오백 년 기업을 생각한다. 당연, 후손들이 믿고 일어서야 할 터를 생각하지 않

을 수 없다. 그래서 생겨난 터 잡기 예술이 풍수이다.

그런데 대통령 집무실 이전을 너무 쉽게 이루

었다. 국제적 뉴스거리가 되었다. 모든 행위에는 명분과 목적이 뚜렷해야 하는데 이유가 분명치 않았다. 그래서 더욱 관심거리가 되었다. 윤석열 대통령의 과감한 결단의 끝은 어찌 될 것인가? 5년 후에도 '용산 대통령 집무실'이 이어질 것인가? 속단하기 어렵다. 취임 세달 만에 30%대라는 불길한 대통령 지지율은 '용산 대통령 집무실 이전'과 관련이 있는 것일까?

옮겨야 했다. 고정불변한 것은 없다. 바람(風)도 머물지 아니하고, 물(水) 또한 끊임없이 흘러간다. 풍수의 존재 방식이다. 시대가 바뀌고 국력이 커지면 대통령 집무실도 바뀌어야 마땅하다. 국력에 비례하여 산간지역에서 평지로 그리고 바닷가로 도읍지를 옮기라고 한다. 나라의 흥망성쇠와 관련이 있다. 고산룡(高山龍: 산간분지)→평지룡(平地龍: 평지)→평양룡(平洋龍: 큰 강과 바다) 단계로 풍

서울 용산 일대 전경

수는 정리한다. 고산룡이란 산간분지에 있는 터를 말한다. 국력이 약한 조선왕조는 안전한 산간분지를 찾아 도읍지를 정했다. 바로 경복궁·청와대 터이다. 국력이 외적을 막아낼 만큼 강할 때는 평지에 도읍을 정함이 옳다. 그러나 이때 반드시 요구되는 것이 횡수(橫水), 즉 비껴 지르는 강이 필요하다. 한강과 접한 용산이 바로 그와 같은 땅이다.

청와대와 용산 대통령 집무실은 전혀 다른 성격의 땅이다. 청와대 터는 사산(四山: 북악산·인왕산·남산·낙산)에 둘러싸인 분지이다. 반면 용산은 평지이며 한강이 더 가깝다. 청와대가 '산(山) 풍수'라면, 용산은 '물(水) 풍수'이다. '산주인 수주재(山主人 水主財)'라는 풍수격언이 있다. 산은 인물을 키우고, 물은 재물을 늘려준다는 뜻이다. 청와대 터가 권력욕을 부추기는 폐쇄적 땅이라면, 용산은 문화·무역을 진작하는 개방적 땅이다.

그러나 산간에서 평지로 나갈 때 조심해야 한다. '호입평양 피견기(虎入平壤 被犬欺)'란 말이 있다. '호랑이가 들판에 가니 개에게 수모를 당한다'는 뜻이다. 산(청와대)을 벗어난 호랑이(대통령)가 강가(용산)로 갈 때 자칫 개에게 수모를 당한다는 뜻이다. 활동할 수 있는 여건을 조성해야 한다. 용산 공간 재편성이 수반되어야 하는 이유이다.

용산에 관심을 가진 이가 조선 초 정치인 하륜(1347~1416)이었다. 가정법은 의미 없다. 그러나 '만약 그때 하륜이 용산에서 숭례문까지 운하를 건설했더라면' 조선의 운명은 달라졌을 것이다. 1413년 좌의정 하륜이 "용산강(만초천)에서 숭례문까지 운하를 파서 배를 운행시킬 것"을 임금에게 청한다. "공사 기간은 한 달이며 동원 인원은 1만1000명이면 충분합니다."

신하들이 찬성하였으나 임금이 수용하지 않았다. 운하가 외적의 침입 통로가 될까 두려워한 임금의 '쪼잔함' 때문이었다. 조선을 개방적 '물 풍수' 국가로 전환하여 부자강국을 만들자는 하륜의 원모지려(遠謀之慮)였다. 대통령궁이 들어선 이상, 세계강국을 실현시킬 수 있는 공간 재구성이 필요하다. 용산 개조가 필요하다. 풍수상 3곳이 중요하다. 한강·만초천(용산강)·밤섬이다.

첫째, 한강 개조이다. 한강은 강남과 강북을 분리하는 역할을 하였다. 이 문제에 대한 건축가 김석철 선생(작고)의 지적이다.

"천만 인구의 도시의 한가운데 자리 잡은 한강이 서울을 비자립적인 두 도시로 분할하고 있어 정작 도시 중심이어야 할 한강은 도시의 변방지대가 되어 있다. 한강에는 주 도시 기능이 없다. 한강이 도시 기능과 도시 흐름의 기반이 되어야 한다. 모든 공공 기능과 문화 인프라스트럭처가 한강에 면하거나 직접적으로 연결되도록 해야 한다."

강변북로를 지중화하고 한강 수변(水邊)도시를 만든다. 중국·일본·유럽에서 볼 수 있는 수변도시를 말한다. 엄밀한 의미에서 우리나

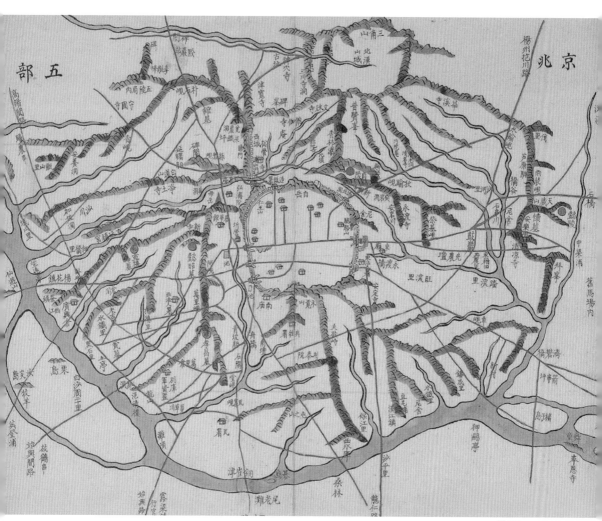

한성전도

라는 수변도시를 가져본 적이 없다. 물 풍수로 대변되는 수변도시는 주거 목적이 아니라 무역·문화 국가를 전제한다.

둘째, 만초천(용산강) 복원이다. 만초천은 무악재 물과 남산 자락 물이 삼각지 부근에서 합쳐진 뒤 한강으로 빠져나가던 하천이다. 1967년 복개되어 볼 수는 없으나 복개된 아래로 건천이 여전히 존재한다. 만초천 복원 과정에서 주변의 '용산정비창' 재개발이 필요하다. 청계천 복원과 같은 맥락이다. 만초천은 용산의 핏줄과 같은 존재이다. 풍수서 '지리신법'은 말한다. "무릇, 산은 사람의 형체와 같고, 물은 사람의 혈맥과 같다. 사람의 생장영고(生長榮枯)는 모두 혈맥에 의존하기에, 길흉화복은 물에서 더 빠르게 나타난다." 만초천 복원은 600년 전 하륜의 '용산→숭례문 운하' 계획과 일치한다.

셋째, '무인도' 밤섬(栗島)의 강상(江上) 도시화이다. 밤섬은 본래 대대로 사람들이 살던 집성촌이었다. 1968년 여의도 개발에 필요한 흙을 위해 폭파되었지만 이후 퇴적된 토사로 원형이 복원되었다. 폭파 이전의 밤섬에는 '부군당'이란 사당이 있었다. '부군당 신앙'은 한강 유역의 독특한 무속 신앙이다. 부군신·삼불제석·군웅신 등을 모셨다. 밤섬 폭파로 터를 잃은 신들은 당시 폭파 주역인 김현옥 서울시장에 대한 원한이 깊다. 인간과 신들의 공존 터로 부활시킨다.

밤섬은 용산의 명당수 만초천이 한강과 만나는 부근에 자리한다. 수구처(水口處)이다. 서해에서 거슬러 오는 외기(外氣)를 정제(淨濟)하면서, 동시에 용산의 내기(內氣) 누설을 막아주는 '수구막이'이다. 이곳에 세계적인 금융·무역 타워와 호텔을 초고층으로 지으면 용산시대는 완결된다. 용산은 세계의 용산이 된다. 잠룡(潛龍)은 물이, 승천할 용은 통로가 필요하다. 밤섬의 초고층 타워는 그 통로가 될 것이다. 한강·용산강(만초천)·밤섬이 핵심 3대 주제어이다. 대통령 지지율 반등과 그를 바탕으로 하는 '용산 대통령 시대'의 구원지계(久遠之計)이다.

Chapter 4
역사 속 인물과 풍수

정조
당대 최고의 풍수학자

조선 왕들 가운데 정조는 당대 최고의 풍수학자였다. 풍수학에 능한 까닭이 있었다. 세손(世孫) 시절인 1774년 아버지 사도세자의 능을 성묘하면서이다. 그곳은 이전부터 흉지로 소문이 난 곳이다. 철이 들어 가보니 흉지가 분명하였다. 뉘우치는 바가 있어 풍수 공부를 시작한다. 그는 자신의 풍수 공부 방법을 다음과 같이 서술하고 있다.

"처음에는 옛사람들이 풍수지리를 논한 여러 가지 책을 취하여 전심으로 연구하여 그 종지를 얻은 듯하였다. 그래서 역대 조상 왕릉의

수원화성 팔달문

융릉

용·혈·사·수(龍穴砂水)를 가지고 옛날 방술과 참고하여 보았더니, 하자가 많고 길격은 하나도 없었다. 그러나 오히려 자신을 갖지 못하여 세속의 지사로서 안목이 있는 자를 널리 불러 그 사람의 조예를 시험해 본바 그들의 언론과 지식이 옛 방술에 어긋나지 않아 곧 앞뒤로 전날 능원을 논한 것을 찾아 살펴보았더니 그들의 논한 바가 상자에 넘칠 정도였다."
('홍재전서' 57권)

정조의 풍수 공부 기간은 15년이 넘는다. 그 와중에 그는 개인적으로 불행한 일을 많이 당한다. 30세가 넘어 얻은 유일한 왕자 문효세자가 다섯 살 때 석연치 않게 죽고, 이어서 문효세자의 생모(의빈 성씨)가 다시 임신을 하였으나 갑자기 죽는 등 왕실에 불길한 일들이 계속된다. 이것이 모두 생부 사도세자의 무덤(원래의 무덤은 현재 휘경동 삼육병원) 터가 나쁜 탓이라는 소문과 상소가 이어진다. 1789년 그는 사도세자 무덤을 수원으로 옮긴다(현재의 융릉).

왕릉을 옮기고 나서 1년 안에 국가의 큰 경사가 있을 것이라는 예언(왕조실록)이 있었는데, 예언대로 왕자가 태어났다. 정조의 입장에서는 생부 사도세자의 무덤이 나빠 왕실에 불행한 일들이 일어났는데, 좋은 땅으로 모시니 그 발복으로 왕자를 얻었다고 믿지 않을 수 없었다.

흥선대원군
풍수로 권력 잡았다

〜〜〜

경복궁 영추문

풍수를 이용하여 권력을 잡은 또 다른 대표적 인물이 흥선대원군이다. 수년 전 대박을 낸 영화 '명당'의 실제 주인공이다.

정조의 풍수를 통한 성공 사례를 몇십 년 후 왕손 흥선군이 모를 리 없었다. 흥선군은 1846년 경기도 연천에 있던 아버지 남연군 무덤을 충남 예산 가야사 터로 옮긴다. 2명의 천자가 나올 땅이라고 믿었기 때문이다. 그로 부터 7년 뒤인 1853년에 둘째 아들 명복(命福)이 태어나고, 명복은 12세가 되던 1863년 임금이 된다. 그 후 그는 임금에서 황제로 즉위한다. 결국 고종 황제와 순종 황제 두 명이 나왔으니 예언된 풍수설이 그대로 실현된 셈이다. 당연히 흥선대원군은 풍수를 더욱 믿게 된다. 그는 폐허가 된 경복궁 터가 "천하제일 복지"임을 알고 그곳에 궁궐을 다시 짓는다.

윤보선 전 대통령
묘지 풍수와 발복
〈發福〉

20세기에 들어와서는 윤보선 전 대통령 집안의 묘지 풍수 이야기도 흥미롭다. 윤 전 대통령 집안에서도 이를 인정하고 있다. 윤 전 대통령 부인 고 공덕귀 여사의 자서전에 따르면 윤 전 대통령 5대조 할아버지 묘를 이순신 장군의 후손들의 땅에 암장하였다고 한다. 굶주려 죽기 직전의 스님을 구해준 보답으로 그 스님이 좋은 자리를 찾아주었다. 그러나 그 땅이 이순신 장군의 사패지지(賜牌之地)였던 까닭에 아무도 모르게 암장을 하지 않을 수 없었다고 한다. 그 발복으로 집안이 번성하였다고 믿고 있고, 윤 전 대통령도 그 땅을 사랑하여 사후 국립묘지가 아닌 이곳에 안장되었다. 지금도 풍수 공부를 하는 많은 초보자들의 현장 답사지가 되고 있다.

윤보선 전 대통령(위)
윤보선 전 대통령 가옥(아래)

김대중 전 대통령
이장과 대선의 상관관계

〈移葬〉

노벨 평화상을 수상한 김대중 전 대통령의 묏자리 풍수 관련 이야기도 잘 알려진 사실이다. 1995년 당시 국민회의 총재인 김대중은 부모님 묘를 용인시 이동면 묘동으로 옮겼다. 그 자리는 천선하강(天仙下降 · 신선이 하강하는 형상)의 명당으로 '남북 통일을 완수할 영도자가 날 자리'였다는 보도가 1996년 월간 신동아에 나왔다(안영배 기자). 그로부터 일 년 후에 대통령 선거가 있기 때문에 이 기사는 당시 많은 사람들에게 회자되었다. 우연인지 필연인지 가능성이 없어 보이던 김대중 총재는 이회창 후보를 누르고 대통령이 되었다. 또 북한 김정일 위원장을 방문하여 남북 평화 정착의 토대를 만들었으니 예언이 들어맞은 셈이다.

"지관 손석우는 최근 들어 김대중 국민회의 총재의 용인군 이동면 묘동에 묏자리를 잡아준 것으로 밝혀졌다. 김대중 총재의 용인 묘역은 천선하강의 명당으로 대통령이 나올 자리라고 했다. 손씨는 한 언론과 인터뷰에서 1995년도 초 지인이 찾아와서 '남북 통일을 완수할 영

도자가 날 자리를 찾아달라고 부탁하는 바람에 그 주인공이 김대중 총재임을 알고 용인의 묏자리를 잡아주었다고 밝혔다. 김대중 당시 국민회의 총재나 당시 이장에 관여한 지관 서로가 절대 비밀 사항으로 한 것인데 어떤 까닭에서인지 지관 손석우가 1996년 5월 김대중 총재와 용인 묘역에서 함께 서 있는 장면을 찍은 사진을 기자에게 공개함으로 용인 묘역의 위치가 세상에 알려졌다."

선영 이장이 전부가 아니었다. 동교동 자택에서는 절대 대통령에 당선될 수 없다는 측근의 권유로 일산 정발산 아래로 이사를 감행했다. 그리고 김대중은 그곳에서 대통령에 당선되었다(김대중 전 대통령은 퇴임 후 다시 동교동 사저로 복귀했다).

선영 이장 일 년 후에 대통령 선거가 예정되었기에 이 기사는 당시 많은 사람들에게 회자되었다. 극성스러운 사람들은 용인의 김대중 선영과 일산 정발산 아래 김대중 사저까지 찾아가기도 했다. 예언은 적중했다.

이장하고 이사한 지 얼마 안 돼 대통령에 당선되었다. 20세기 말 한국 풍수지리 붐을 조성하는 데 최대 기여자는 김대중 전 대통령이다. 과학의 발달과 더불어 풍수지리를 반신반의하던 사람이나, 풍수를 맹신했던 사람들조차도 눈앞에 벌어진 엄청난 사건에 아연할 수밖에 없었다.

문제는 김 전 대통령 사후에 벌어진 자식 간의 분쟁이다. 2009년 김 전 대통령이 작고했다. 용인 선영에 만들어 놓은 신후지지(身後之地)나 대전 현충원에 조성된 대통령 묘역으로 가지 않고 동작동 현충원에 안장되었다.

왜일까? 용인 선영이나 대전 현충원보다 참배하기가 쉬워서 그랬을 것이다. 그러나 그보다는 풍수적 이유가 더 컸다. 그리고 그것은 풍수상 큰 실수였다.

이장 · 이사 후 대통령 당선

흔히 동작동 국립현충원을 이승만 전 대통령의 명으로 1950년대 초에 터 잡기가 이루어진 곳이라고 알려져 있으나 이는 틀렸다. 창빈 안씨(昌嬪安氏)가 본래 주인이다. 창빈은 선조 임금의 할머니이다.

1549년 10월 창빈 안씨가 세상을 뜨자 아들 덕흥군은 경기도 장흥에 안장했다. 그런데 그곳이 풍수상 좋지 않다고 해서 1년 만에 이곳

김대중 전 대통령 일산 사저

제15대 김대중 대통령 취임식

으로 이장을 했다. 과천의 작은 마을이었던지라 안장된 지 1년이면 육탈이 거의 되지 않는 상황이었다. 그럼에도 길지를 찾아 과감하게 이장을 했다. 지금은 이장하는 일이 어렵지 않지만, 그 당시의 이장 작업은 다시 장례를 치르는 것과 같았다. 풍수에 대한 믿음이 밑바탕이 됐기 때문에 가능한 일이었다. 많은 재물과 시간이 소요되는 것이기에 웬만한 가문에서는 상상할 수 없는 일이다. 상주 입장에서 새로 옮기게 될 터가 분명 명당이라는 확신이 전제돼야 한다.

명당발복을 이루고자 한다면 풍수행위와 풍수신앙 두 가지가 충족되어야 한다고 독일인 신학자 에른스트 아이텔이 말했음을 앞에서 소개했다. 풍수상 길지를 찾아 그곳에 터를 잡는 것이 풍수행위이며, 그렇게 했을 때 집안과 후

> 풍수상 길지를 찾아 그곳에 터를 잡는 것이 풍수행위이며, 그렇게 했을 때 집안과 후손에게 좋은 일이 일어날 것이라고 확고히 믿는 게 풍수신앙이다.

손에게 좋은 일이 일어날 것이라고 확고히 믿는 게 풍수신앙이다. 창빈 안씨의 아들 덕흥군은 풍수행위와 풍수신앙을 동시에 했다. 이장한 지 3년 만인 1552년 하성군(선조)이 태어났다. 그리고 1567년에 임금이 되었다. 길지를 찾아 이장을 한 풍수행위가 있은 지 15년 만이었다. 하성군이 임금이 되자 "할머니 묘 명당발복 덕분에 임금이 되었다"는 소문이 퍼졌다. 사대문 안 사대부들뿐만 아니라 전국의 호사가들이 이곳을 찾았다. 이로 인해 조선반

도에 '풍수붐'이 불었다.

김대중 전 대통령 묘는 바로 창빈 안씨 묘역의 일부를 침탈하여 조성되었다. 창빈 안씨 묘가 길지임을 알고 바짝 붙여 쓴 것이다. 조선조 헌법서인 '경국대전'은 묘의 경계에 대해 품계에 따른 규정을 두고 있다. 목축이나 타인이 부근에 묘를 쓰지 못하게 하는 규정이다. 지나간 왕조의 법이기는 하지만 지금도 남의 터에 함부로 집을 지어선 안 된다. 그런데 김 전 대통령 묘역이 그와 같은 금도를 범한 것이다. 일종의 범장(犯葬)으로 조선왕조에서는 처벌 대상이었다.

김 전 대통령 부인 이희호 여사가 작고하자마자 형제간에 분쟁이 일어 소송으로 이어졌다. 노벨평화상을 수상한 대통령의 아들로서 부끄러운 일이다. 이 사건을 두고 풍수에 조예가 깊은 조한규 전 세계일보 사장은 '범장'의 후환이라고 단언했다.

풍수행위에는 지켜야 할 윤리가 있다. 그것을 범한 것이다. 풍수 고전 '금낭경'은 이를 두고 "장사 지냄에 있어서 법은 화를 입거나 복을 받는 것이 하루를 넘기기도 전에 나타난다"고 표현한다.

김대중 전 대통령은 분명 풍수행위와 풍수신앙을 실천했다. 이후 이회창, 김덕룡, 이인제, 정동영, 한화갑 대선 후보들 사이에서 선영 이장 붐이 불었다. 그 하나하나를 여기에 소개하진 않겠다. 그들은 이장을 하고도 대권을 잡지 못했다.

김대중 전 대통령 방북 남북정상회담

박정희 전 대통령 집안
선영 앞의 칼바위와 냉혈론

박근혜 전 대통령과 박정희 전 대통령

구미 상모동 선영
'이금치사(以金致死)'의 땅

박근혜 전 대통령의 부친 박정희 전 대통령도
입지전적인 인물이었다. 박정희 전 대통령의
생가가 있는 구미시 상모동에는 조상 묘가 있
는데 이곳은 예전부터 길지라고 소문이 났다.
박정희 전 대통령이나 그 아버지가 아니라 박

정희보다 열두 살 많은 셋째 형 박상희가 젊은
시절에 잡은 자리였다. 박상희는 거인이 된 김
종필 전 국무총리의 장인으로 더 잘 알려진 인
물이다.

1905년 경북 칠곡군 약목면에서 태어난 박상
희는 1920년대 말 선산청년동맹의 준비위원
과 상무위원을 겸직하고, 1928년 집행위원직
에 올랐다. 1927년 2월에 비타협적 민족주의
자와 사회주의자들이 결성한 신간회에서는 간
부로 활동하며 항일활동에 앞장섰다. 1935년
에는 동아일보 구미지국장 겸 주재기자로 활
동했다. 박정희 전 대통령은 띠동갑이었던 친
형 박상희를 가장 잘 따랐으며 존경했다. 박상
희는 잦은 독립운동으로 일본 순사에게 끌려
가는 일이 많았고 이는 박정희 전 대통령이 군
인이 되려고 결심한 계기가 되었다.

일제강점기 때 동아일보 등 언론인으로 그리
고 신간회 간부로서 항일투쟁에 앞장섰기에
8·15 광복 이후 박상희의 영향력은 대단했
다. 1946년 10월 대구 항쟁 사건이 발생하자
박상희는 10월 3일 오전 9시에 2000여 명의
군중의 선두에 서서 구미 경찰서를 공격하고,

경찰관과 우익 인사들을 감금했다. 이어 구미 면사무소와 선산군청을 공격해 식량 130여 가마니를 탈취하고, 관청 서류를 전량 소각했다. 그러나 그는 10월 6일 경찰이 발포한 총을 맞고 사살되었다.

해방 이후 좌익으로 사살되었으나 해방 전에는 언론인으로 독립운동에 적극적으로 활동했음을 알 수 있다. 그런 그도 당시 지식인들이 그러했듯 풍수에 깊은 관심을 가졌다. 현재 구미시 상모동 금오산 자락에 자리한 박 전 대통령의 선영은 박상희가 숙부들(박일빈, 박용빈)과 공동 출자하여 구입한 것이라고 한다(1990년대 구미 상모동 답사 당시 그 마을에 있던 여든 넘은 노인들 및 박정희 생가보존 회장인 김재학 씨의 증언).

그렇게 잡은 자리가 풍수상 길지였던 것이다. 박상희는 제왕지지를 꿈꾸었다. 그런데 그는 피살되었고 열두 살 어린 아우가 훗날 대통령이 되었다. 그런데 이러한 천하의 대길지도 완전할 수 없다. 반드시 흠이 있기 마련이다. 이 터의 흠은 바로 묘역 앞에 우뚝 솟아 있는 큰 바위 및 여러 자잘한 바위들이다. 풍수 용어로 이것을 역룡(逆龍)이라고 부른다. 풍수사 김종철 선생(작고)은 이를 보고 현장에서 "이러한 역룡은 자손이 하극상을 일으키며 명당 기운이 다하면 쇠붙이(金)로 인한 죽음 즉, 이금치사(以金致死)하게 한다"고 단언했다. "박근혜 전 대통령 역시 이곳 선영의 명당 기운을 받았으나 동시에 역룡의 기운에서 자유롭지 못하다"고 풍수사들은 말한다.

박정희 전 대통령 부부 묘역의 냉혈론(冷穴論)

동작동 국립묘지에 안장된 박근혜 전 대통령 부모의 묘에 대해서는 "물이 차서 그로 인한 수재(水災)의 재앙을 피할 길이 없다"고 주장하는 풍수사들이 많다. 실제 박정희 전 대통령 부부 묘는 광중에 물이 차서 묘 옆으로 배수시설을 해놓았다. 잔디가 잘 자라지 않아 해마다 교체하는 것도 그 까닭이다(20년 전 답사 당시 그곳 관리인의 증언이다). 더 문제가 되는 것은 이곳이 '시신이 썩지 않는 냉혈(冷穴)의 땅'이란 오래된 소문이다. 박근혜가 대통령이 되기 전 많은 사람들이 간접적으로 이장을 권유하거나 냉혈의 재앙을 막기 위해 액막이를 했다는 소문도 돌았다. 그런데 박근혜가 대통

박근혜 전 대통령이 선물받은 박정희 전 대통령과 육영수 여사의 사진

령이 되자 이 냉혈 소문은 슬그머니 사라졌다
가 그녀가 탄핵을 당하자 다시 불거졌다. 어떻
게 대통령의 묘가 물이 차는 곳에 자리 잡았다
는 말인가?

한때 '육관도사'로 유명세를 치렀던 손석우 씨
는 1994년 '김일성 사망 예언'과 이 땅에 대해
다음과 같이 평했다.

"여기 이 자리는 음양의 교구(交媾)가 안 되는
자리이고 냉혈입니다. 냉혈이니 시신이 썩지
않고, 음양교구가 안 되니 자손이 끊어집니다.
딸이라도 시집을 가서 살 수가 없게 됩니다." •

그가 1993년 출간한 '터'에서 이를 언급한 뒤
로 30년이 흘렀다. 아들 박지만이 장가를 가
서 자녀를 낳았고, 딸 박근령도 재혼을 했다.
박근혜 전 대통령만 결혼을 하지 않았으니 손
석우 씨의 예언이 적중했다고 보기는 어렵지
만, 틀렸다고도 할 수 없다.

그렇다면 왜 이런 냉혈 논쟁이 나왔을까?
사건은 이로부터 다시 50년을 거슬러 올라간
다. 즉, 1974년 박정희 전 대통령 부인 육영
수 여사가 광복절 기념식장에서 피격되었을
때의 일이다. 예기치 못한 일이라 당황한 청와
대 실무자들이 장지 선정에 대해 술사들에게
자문했다.

청와대는 서로 라이벌이었던 지창룡, 손석우
두 사람을 불렀다. 지창룡은 이론에 능한 반면
손석우는 자신의 자서전에서 인정한 대로 이

론보다는 직관에 능했다.

이론 풍수와 직관의 풍수

역사상 풍수사들 가운데 많이 보는 사례이다.
광해군 때의 풍수 승려 성지는 글을 몰랐으나
직관을 강조했고, 이의신은 풍수이론에 밝았
다. 고려 공민왕 때 임금의 집무실을 옮길 것
을 주장한 라이벌 스님 보우와 신돈 역시 마찬
가지였다. 보우 스님은 신돈을 사승(邪僧)이
라 비난했다. 신돈이 무식했기 때문이다. 이
론이 기초되지 않고 직관만 강조하는 풍수는
매우 위험하다. 말로가 모두 안 좋았다.

해방 이후 두 사람의 풍수, 즉 지창룡과 손석
우도 그러한 경우이다. 이론과 직관을 강조하
다 보니 서로 의견 합치가 될 수 없는 상황이
다. 풍수를 다면평가로 결론 낼 수 없다. 전
통 명문가들이 그렇게 해왔듯 클라이언트(고
객) 스스로가 풍수 전반을 정확히 이해하고 스
스로 터를 잡은 다음 풍수술사들의 의견을 참
작하는 것이 옳다. 이는 마치 정원을 만들거나
건물을 지을 때 고객이 원하는 것을 분명하게
말해주면 정원사나 건축가가 고객의 의도를
실현시켜 주는 것과 같은 구조이다. 그런데 당
시 청와대 관계자들(그리고 지금의 일부 고객
들)은 이 점을 간과했다. 무조건 많은 풍수사
들을 동원하면 좋을 것이라고 판단한 것이다.
손석우가 육영수 여사를 위한 장지 선정 현장
에 도착했을 때는 지창룡이 먼저 와 육 여사 자
리를 이곳으로 정해놓은 뒤였다. 청와대 관계

신당동 박정희 전 대통령 가옥

자가 손석우에게 의견을 묻자 심사가 틀렸던지 그는 "시신이 썩지 않는 냉혈"이라고 답했다. 이에 대해 라이벌 지창룡은 어떤 반응을 보였을까? 그는 묘역 조성에 관여를 하긴 했으나 자신이 직접 잡은 자리는 아니라고 변명했다.

"당시 육 여사가 저격을 당했을 때 고향 집에 가 있었다. 한밤중에 청와대에서 전화가 와 육 여사 유택을 봐달라고 했다. 다음날 현장을 갔더니 묘지 관리소장 이주호 씨가 안내를 했다. 나를 기다리다 지쳐 최풍수와 남풍수 두 사람이 자리를 잡고 광중 작업을 하고 있었다. 물론 청와대 관계자는 내가 자리를 잡은 것으로 박 대통령에게 보고를 했다고 했다. 할 수 없이 현장 작업을 내가 지휘하고 육 여사를 안장했다. 그리고 나중에 박 대통령이 시해를 당했을 때는 무덤 뒤 약한 용세(내룡)가 마음에 걸려 수백 트럭의 흙을 날라다가 비보를 했다."

지창룡도 이곳의 내룡이 약한 것은 인정했다. 그러니 수백 트럭 분량의 흙으로 내룡을 만든 것이다. 즉, 그곳에 내룡 자체가 없음을 방증한 셈이다. 풍수 원칙의 가장 첫 번째가 용(지맥)과 혈(광중 자리)이다. 용(지맥 · 내룡)이 없으면 혈도 없는 법이니 자리가 좋을 수 없다.

그런데 지창룡이 언급한 최풍수와 남풍수는 누구일까? 대통령 영부인의 자리를 소점한 것은 풍수술사에게는 영광이자 그보다 더 좋은 자기 홍보가 없을 텐데 지금까지 최풍수와 남풍수는 세상에 나타나지 않았다. 훗날 박정희 전 대통령 부부의 묘에 물이 차는 일이 벌어지고 최풍수와 남풍수가 지창룡이라는 소문이 돌면서 지창룡이 마음고생을 많이 한 듯하다. 1960년대부터 1980년대를 풍미했던 두 명의 풍수사 지창룡과 손석우는 이미 고인이 되었다.

이승만 전 대통령
사후 더 존경받는 이유

명당발복을 위한 두 가지 조건을 에른스트 아이텔은 풍수행위와 풍수신앙이라고 했음은 앞에서 언급했다. 이들은 풍수행위, 즉 선영 이장은 했으나 풍수신앙이 약했다. 마치 명성황후가 친정아버지 묏자리에 대한 확신이 없어서 이리저리 다섯 번이나 옮긴 것과 같았다. 언급한 대선 후보 몇몇은 이장하기를 반복하는 어리석음을 범했으나 여기서는 소개하지 않는다.

이승만 전 대통령 묘와 풍수

후손이 없으면 아무리 위인이라 하더라도 잊힌다. 독재자로 쫓겨난 대통령이라면 더더욱 그렇다. 이승만 전 대통령은 독재로 인해 하와이로 쫓겨났다. 보수 진영이 그를 국부로 추앙하는 것은 당연하지만, 일부 진보 진영 학자조차도 최근에 그를 '국부'라고 부르고 참배를 했다. 국론 통합에 나쁘지 않다고 생각한다.

사후 좋은 길지에 안장되면서 재임 시의 독재

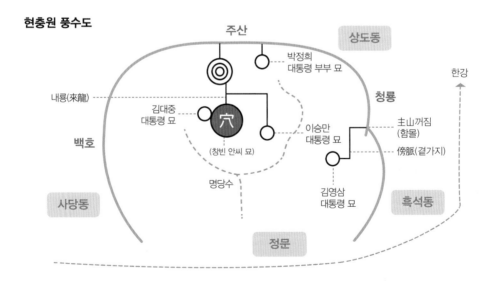

현충원 풍수도

이승만 전 대통령 취임식

는 망각되고 좋은 업적만 부각되고 있다. 명당 발복의 한 유형이다.

이 전 대통령 묘는 창빈 안씨 묘역 우측 작은 능선 끝에 자리한다. 그 반대쪽, 즉 좌측 10여 m에 김대중 전 대통령이 안장되어 있다. 이승만 전 대통령과 김대중 전 대통령 묘역은 창빈 안씨 묘역을 보호해주는 역할을 하고 있다.

이 전 대통령 묘는 풍수상 어떤 곳일까?

누가 잡았을까? 앞에서 소개한 지창룡이었다. 그는 또 다른 풍수사 손석우와 더불어 1960년대부터 1980년대까지 풍수술사로서 제일 뛰어났다. 학계에서는 1960년대에 이미 연세대 철학과 배종호 교수가 풍수와 사주에 깊은 조예가 있어 풍수학과 풍수술의 통합을 꾀하는 모임을 주도하기도 했고, 한국철학사에 풍수를 당당히 편입시키려는 노력을 하고 있었다. 배종호 교수는 6 · 25 전쟁 당시 남원의 이종구 씨에게 풍수술을 전수받았다. 배종호 교수는 강단철학자이면서 동시에 진정한 풍수학인이었다. 풍수에 능한 데다가 풍수설을 믿어 조상 묘를 지리산 길지에 안장하였다.

배 교수가 작고하자 그 자녀들이 선친의 뜻을 존중하여 경기도 고양시 지축동 어느 산에 안장하였다. 필자는 배 교수의 아들 배선영 교

초대 대통령 이승만 내외가 살았던 이화장

수(연세대)의 안내로 그곳을 참배한 적이 있었다. 풍수에서 말하는 길지의 조건을 모두 갖추었다. 아이텔이 말한 풍수신앙과 풍수행위를 실천한 현장이었다.

이어서 1980년대 최창조 교수가 풍수학 바람을 일으켰으나 묘지 풍수에 침묵하여 풍수술사들과 인연이 닿지 못했다. 그러한 중간 지대를 지창룡과 손석우가 풍수 시장을 양분하던 상황이었다.

하와이로 떠난 지 몇 년 후인 1965년의 일이다. 이승만 전 대통령이 위독했다. 국가에서 그의 장지 문제로 논의가 벌어졌다.

논의는 현충원 '국군묘지'로 결론이 났으나 그곳이 국군묘지라는 게 문제였다. 아무리 대통령이라 해도 군인이 아닌 이상 묻힐 수 없는 곳이었다. 박정희 당시 대통령은 국군묘지를 국립묘지로 바꾸는 법안을 올려 국회 승인을 얻었다. 군인들뿐만 아니라 대통령과 국가유공자들도 그곳에 안장될 수 있었던 것은 이때부터였다(1965년 3월). 법안 통과 후 지창룡이 소점 의뢰를 받아 1965년 3월 현재의 자리로 정했다. 그해 7월 이승만 전 대통령이 죽자 고국으로 운구되어 그곳에 안장됐다. 아래 글은 그 자리에 대한 지창룡의 생전 평이다.

"한강물을 눈앞에 굽어보는 양지바른 언덕에 자리 잡았다. 국립묘지의 많은 묘역 가운데서 가장 빼어난 명당이랄 수 있는 자리이다. 영구음수형(靈龜飮水形)으로 목마른 거북이 한강물을 바라보고 내려가는 길지였다."

지창룡의 평가는 대체로 적절하다. '양지바른 언덕'은 혈장이 형성되었음을 말한다. 그렇다고 '국립묘지 가운데 가장 빼어난 명당'은 아니다. 앞에서 소개한 대로 창빈 안씨 묘역이 그 핵심이고, 이승만 전 대통령 묘역이 다음으로 좋은 자리이다. 당시 박정희 전 대통령의 이승만 전 대통령을 위한 조사(弔辭)를 보아도 이승만 전 대통령의 묏자리를 허투루 잡지 않았음을 보여준다.

"그리고 또 박사에 대한 영원한 경의로 그 유택을 국립묘지에서도 가장 길지를 택하여 유해를 안장해드리고자 합니다."

김영삼 전 대통령
봉황이 알을 낳은 자리에 안장

전직 대통령이 좋은 자리에 안장됨은 국가와 국민을 위해 좋은 일이다.

김영삼 전 대통령 사후 원칙대로라면 대전 현충원 대통령 묘역에 안장되어야 맞는다. 그것은 김대중 전 대통령도 마찬가지다.

김대중 전 대통령이 동작동 현충원에 안장되자 라이벌 김영삼 전 대통령도 동작동 현충원에 안장됐다. 이 과정에서 김영삼 전 대통령의 측근으로서 국민의힘의 주요 중진들이 동작동 현충원에 안장되도록 힘을 썼다.

김영삼 전 대통령 묘역 입구 산기슭에 눈에 띄는 것들은 몇 자씩 되는 큰 바위들이다. 거무튀튀한 바위들이 산 능선 끝자락 이곳저곳 나무 사이에 박혀 있다.

김영삼 전 대통령 안장식 때 광중에서 바위가 나왔다. 그것이 "봉황의 알로서 이른바 봉황포란형국"이라고 해당 풍수사가 발언한 것이 뉴스거리가 되었다. 이곳을 봉황에 비유한 지는 꽤 오래됐다. 지명 '동작(銅雀)'을 채용해 술

사들이 형국론으로 봉황이라고 표현한 것이다. 동작은 본디 삼국시대 조조(曹操)가 업의 북서쪽에 누대(樓臺)를 짓고 그 위를 '구리로 만든 봉황'으로 장식한 데에서 유래한다. 건강부회이다. 이곳 동작의 본래 지명은 '동재기'이다. 이곳 강변 일대에 구릿빛이 나는, 혹은 검은색 돌(黑石)들이 많이 분포되어 있다는 데서 유래한다. 후세 사람들이 동작이란 한자로 바꾸어버린 것이다. 토질이 '구릿빛이 나는 돌'이 많았음은 동작동 옆의 지역 명칭이 흑석동인 것에서도 알 수 있다.

이곳 옛 지명이 '검은돌마을'이었다. 따라서 봉황을 운운하는 것은 풍수술사들의 말장난일 뿐이다. 구릿빛 돌(동작)이나 검은 돌(흑석) 지명은 이곳에 돌이 많다는 뜻으로, 곧 험하다는 뜻이다.

풍수에서 돌의 의미는 무엇인가? 양날의 칼이다. 살도(殺刀)가 될 수도 있고 아도(衙刀)가 될 수도 있다. 조선조 지관 선발 필수서인 '금

낭경'은 "기는 흙을 의지하여 다니므로, 돌산에 장사 지내서는 안 된다"고 했다. 청나라 때 이 책을 '사고전서(四庫全書)'에 수록하면서 당시 학자들은 다음과 같이 주석을 달았다.

"높은 언덕의 땅치고 어찌 돌이 없겠는가? 이른 바 산세란 뼈대를 근본으로 하는데, 그 뼈가 바로 돌인 것이다. 돌산이 뻗어 가는데, 어찌 돌이 있어서 안 될 것인가? 다만, 땅기운이 맺힌 곳은 마땅히 돌이 있어서는 안 된다는 것이다."

산에 돌이 있는 것은 당연하다. 다만 광중에 돌이 있어서는 안 된다는 뜻이다. 그러한 이유로 조선조 지관 선발 고시 과목인 '명산론'은 "흙은 살이 되고, 돌은 뼈가 되고, 물은 피가 되고, 나무는 모발이 된다"고 했다. 하여 돌줄(석맥)이 나타나면 매우 귀한 것으로 여긴다. 명산론은 돌줄(石脈)이 서로 번갈아 이어지는

김영삼 전 대통령 생가

곳, 징검다리 돌이 물을 가로지르는 곳, 기이한 돌이 모여 있는 곳 등이 기가 모인 곳이라 했다. 물론 이 돌은 원래부터 박힌 돌이어야 하고 지표면에 심하게 드러나서도 안 되며, 깨지거나 금이 가서도 안 된다. 또 돌줄이 있다 하더라도 좌우로 균형을 이루어야 하며, 그 생김새가 둥글거나 반듯해야 한다. 비록 볼품없이 생겼다 할지라도 그들이 이어져 형성되는 전체 모습이 아름다우면 이 또한 귀한 것으로

김영삼 전 대통령 취임

여긴다. 이 책도 광중의 돌을 경계한다.

산수화 이론서인 '임천고치'는 다음과 같이 말한다.

"바위란 천지의 뼈에 해당한다. 뼈는 단단하고 깊이 묻히어 얕게 드러나지 않는 것을 귀히 여긴다." 책의 그림에서조차 바위는 함부로 드러나지 않아야 함을 이야기한다.

길지가 봉황포란형이 되려면 주변에 오동나무와 대나무 그리고 단샘(예천(醴泉))을 상징하거나 관련된 지세가 있어야 한다. '봉황은 오동나무가 아니면 깃들지 아니하고, 대나무 열매가 아니면 먹지 아니하고, 단샘이 아니면 마시지 않는다.' 따라서 봉황포란형이 되기 위해선 이 세 가지 조건이 갖춰져야 한다. 그 밖에 김 전 대통령의 무덤의 경우, 주산이 함몰된 것과 좌청룡이 감싸주지 못해 아쉬움이 많다.

그렇다면 김 전 대통령은 풍수설을 믿지 않고, 단지 상도동에 거주했고 후손과 후배들이 참배했다는 이유로 이곳에 안장된 것일까? 아니다. 김 전 대통령은 생전에 풍수를 직접 이용하려 했다고 한다.

결론적으로 역대 대통령들과 그 후손들이 풍수를 믿어 동작동 현충원에 안장되기를 원했

으나 이곳의 원주인 창빈 안씨와 이승만 전 대통령을 제외하고는 모두 혈이 아닌 곳에 안장된 것이다. 길지에 안장되어야 그들의 사후 명예가 더 높아진다. 그를 지지했던 사람들뿐만 아니라 반대 세력까지도—이승만 전 대통령의 경우처럼—그를 품어 안으며, 비로소 국론이 통합된다.

국론 통합은 나라의 행운이다.

사후 전직 대통령들의 묘역 풍수는 어떻게 하는 게 좋을까?

그리고 그것이 대한민국 국운 융성에 기여할까?

첫째, 대전 현충원에 가면 국가원수 묘역이 있다. 그중 최규하 전 대통령만이 현재 그곳에 안장되었다. 아늑한 땅이다. 동작동 현충원이 포화 상태인 만큼 국립대전현충원으로 가야 한다.

둘째, 풍수상 길지를 원한다면 그들의 고향과 선영만큼 좋은 땅이 없다. 대통령을 배출한 곳이기 때문이다. 윤보선 전 대통령은 풍수상 길지로 알려진 선영에, 노무현 전 대통령은 고향에 안장됐다. 고향과 선영에 안장된다면 그곳은 새로운 명소로 재탄생할 것이다. 대통령들을 위한 묘지 풍수 대안이다. 미국의 경우 역대 대통령은 사후 자기 고향이나 인연을 맺은 곳에 안장된다.

그곳은 많은 사람들이 찾는 관광명소가 된다. 우리나라는 노무현 전 대통령 경우가 대표적인 사례가 될 수 있다. 봉하마을은 이제 참배를 통한 관광명소가 되었다. 지역분권화가 절로 된다.

셋째, 현재 현충원의 묘역 공간 배치를 전면적으로 재구성하는 것도 방법이다. 대통령, 애국열사, 장군, 일반사병 등 생전의 신분과 지위에 따라 묘역의 넓이와 위치 그리고 화장과 매장 등을 달리하는 것을 일원화한다. 채명신 장군이 사병 곁에 안장된 것도 좋은 사례다. 봉분의 양식도 대통령과 장군 그리고 사병마다 다르다. 이것 또한 좀 더 깔끔하게 일원화해서 디자인해야 한다. 국립현충원 묘역의 전면 재배치는 국론 통일에 결정적으로 기여할 것이며, 나아가 진정한 국운 통합과 국운 향상을 가져올 것이다.

시진풍 중국 주석
황토 땅의 아들

"시진핑 주석은 강력한 제국을 건설하였던 청나라 옹정제를 롤모델로 하여 위대한 중국문화의 부흥을 바탕으로 한 세계 제국 건설을 꿈꾸는데, 그것이 다름 아닌 '중국의 꿈(中國夢)'이다."(정영록 서울대 국제대학원 교수)

10년 전 시진핑 국가주석이 중국의 권력에 오를 때 평했던 말이다. 그로부터 10년 후인 2022년 시진핑은 2기 연임을 마치고 3기 중국 주석의 자리에 올라 앞으로 5년 동안 중국 최고 권력의 자리에 앉게 된다. 시진핑은 풍수를 어떻게 활용했을까?

2002년 5월 24일 시진핑 아버지 시중쉰(习仲勋)이 향년 89세로 사망한다. 시중쉰은 중

20차 당대회 개막식에서 연설하는 시진핑 주석

국 공산당 개국 원로였다. 5월 30일 베이징 서쪽 바바오산(八寶山) 혁명공묘(革命公墓)에 안장된다. 이곳 바바오산은 '여덟 가지 보물이 나는 산'이란 지명이 암시하듯 명·청 두 왕조 이래 길지로 알려진 곳이다. 평지돌출(平地突出)의 낮은 언덕으로서 정상에 오르면 사방이 다 전망된다. 죽은 자도 그 후손들도 이곳에 안장되는 것을 자랑으로 여긴다. 중화인민공화국이 수립된 이후 이곳은 혁명 열사와 고급 간부들의 묘원으로 지정되었다.

한때 '중국천자' 자리를 두고 라이벌 관계였던 보시라이(薄熙來)의 아버지 보이보(薄一波) 전 부총리 부부의 무덤도 여기에 있다.

그런데 사회주의 중국에서 드문 일이 발생하였다. 이러한 천하의 길지를 버리고 시진핑은 아버지 묘를 이장한다. 정확하게 세 번째 기일인 2005년 5월 24일 아침 유족들이 시중쉰의 유골을 들고 시안(西安)역에 도착하여, 75km 떨어진 푸핑(富平)현 타오이촌(陶藝村)에 안장하였다. 푸핑현은 시안에서 약 75km 떨어진 곳이다.

시안에 부친 묘를 이장한 뒤 8년 만에 시진핑은 '중국의 천자'로 등극하였다.

푸핑현에 안장된 시진핑 주석의 부친 묘는 고도의 풍수 행위가 드러난다. 우선 시중쉰의 유골과 석상이 안치된 뒤쪽에 나무를 겹겹이 심어 주산을 돋우었다. 일종의 비보 숲이다. '산은 인물을 주관하고 물은 재물을 주관한다'는 풍수격언이 있다. 중국인들이 풍수에서 선호

시진핑 주석 부친 묘 풍수도

하는 물은 보이지 않는다. 재물보다 권력과 명예를 추구하는 자리이다. 주산 뒤로는 용이 머리를 들이민 입수(入首)의 흔적을 뚜렷하게 살린다. 주산 좌우로 또 숲을 조성하여 청룡·백호를 만들었다. 또 안치된 유골과 석상 앞은 평평한 공간, 즉 명당(明堂)을 만들었다. 본디 명당은 제후가 천자를 알현하는 공간인데, 지금은 수많은 방문객들이 이곳에서 참배를 한다. 필자가 이곳을 답사하던 날도 수많은 참배객들이 줄을 이었다. 명당 앞으로 주작대로가 길게 펼쳐진다.

조성된 비보 숲에 식재된 수종을 살펴보면 묘 주인의 의도를 알 수 있다. 이곳에는 소나무·향나무·측백나무 등이 묘역을 둘러싸고 있으며, 그보다 조금 떨어진 곳에 모란군락을 조성하고 있다. 소나무는 뭇나무의 어른(宗老)이다. 또 거북 등처럼 툭툭 갈라지는 소나무 껍질은 현무(玄武)를 상징한다. 향나무는 예부터 사당이나 왕릉에 한두 그루씩 심는 나무이

다. 측백은 불로장생을 상징하는 신선의 나무이고, 모란은 꽃의 왕(花中之王)을 상징한다. 묘역의 공간 구성이 역대 황릉의 축소판이다. 시진핑이 부친 묘를 이장할 때, 그는 저장성 서기로 중요 정치인이었으나 장래에 중국의 천자가 되리라고는 아무도 예상하지 못했다 (2005년 저장성 서기 → 2007년 정치국 상무위원 → 2008년 부주석 → 2012년 11월 주석). 시진핑 주석은 전통적 풍수를 통해 그 음덕으로 중국의 천자가 되었다.

시진핑 주석 부친 묘 풍수도

시진핑 주석은 철저하게 '황토의식(黃土意識)'을 체화한 인물이다.

풍수와는 어떤 관계이며 황토의식이란 무슨 뜻인가? '황(黃)'은 오행상 중앙의 자리를 차지한다. 시진핑이 주석에 오르기 훨씬 전인 2002년 그는 '전국신서목(全國新书目)'이란 잡지에 '나는 황토 땅의 아들이다(我是黃土地的儿子)'라는 회고문을 발표했다.

15세였던 시진핑은 1969년 1월 산베이 량자허라는 오지 마을에서 무려 7년 동안 토굴 생활을 했다. 바로 '나는 황토 땅의 아들이다'가 토굴 생활 7년의 회고이기도 하다.

처음에는 사방이 이로 득실거리고 일하기 힘든 환경에다 먹지 못할 정도의 음식으로 겨우 연명하는 삶이었지만 7년 동안 생활하면서 점차 터전을 가꿔나가 비로소 '황토 땅의 아들'이 되었다.

"나는 농민의 실사구시를 배웠고 … 그들 속에 생활했고, 그들 속에 노동을 하여 그들과 나 사이의 구분이 없어졌다. … 20세 때 그들은 나를 서기로 뽑아주어 그들과 함께 우물과 방죽을 파고 도로를 수리했다. … 그곳은 나의 제2 고향이 되었다. … 15세 나이로 이곳 황토에 왔을 때 나는 미망에 빠져 방황했으나 22세 나이로 이곳 황토를 떠날 때 나는 이미 견고한 인생 목표를 가졌고 자신감으로 충만했다."

정판교의 시 '청산은 소나무를 꽉 물어 놓아 주지 않으니 본디 바위틈에 뿌리를 내렸네'를 인용하여 그는 당시 자신의 심경을 표현했다. 이는 시진핑 주석만의 '황토의식'이라 할 수 있다. 민중 속에 굳건히 뿌리를 내려 확고한 삶을 살게 되었다는 의미로 확신에 찬 인생관이자 국가관이다. 황토는 자신의 영혼이자 삶의 출발점을 의미한다.

15세 시진핑은 량자허에 사는 주민들과 전혀 별개의 대립적 관계였다. 그의 고향 베이징 또한 량자허와 대비되었다. 그러나 7년 동안 그곳에 살면서 시진핑은 완전한 량자허의 농민이 되었고 황토 량자허의 뿌리가 되었다.

헤겔의 타자화 이론처럼 시진핑 역시 자신이 '타자(여기서는 황토 땅과 농민)'가 되면서 자기 자신을 깨닫는 과정을 겪었다. 그렇지만 자기 자신을 버리는 것은 또 아니었다. 그곳 농민들은 그를 경원시했다가 베이징에서 태어난 시진핑으로부터 지식을 얻었고, 계몽되어 새로운 세계관을 얻었다.

맬패스 호주 태즈메이니아대학 철학과 교수는 "인간의 정체성이 장소와 일정한 관계가 있다"고 말했다. 땅을 "능동적인 자연이며 인간화되고 인간화하는 것"으로 파악하며 생명 있는 것으로 여겼다. 인간이 '영향을 받을 수 있는 감수성'을 땅으로부터 얻을 수 있도록 마음을 열어놓아야 한다는 것이다. 즉, 땅과 인간 사이의 대화를 강조한다.

앞서 말했듯 인간은 땅에게 자신의 마음을 열어두어야 한다. 실은 15세 소년 시진핑은 '황토'를 받아들이지 못하고 석 달 만에 베이징으로 도망가기도 했었고, 그러다 다시 반년 만에 돌아왔다. 그러나 그를 제외하고 량자허에 이주한 청년들은 모두 떠났고 시진핑 혼자 남게 되었다. 7년 동안 그는 '황토'에 뿌리를 내려 체화했다. 세월이 흘러 그에게 이곳 황토가 베이징보다 더 깊은 영향을 끼치게 되었다. 가장 가난한 빈농 속에서 7년을 보낸 그는 중국의 밑바닥과 하나가 되었고 '황토의 아들'이 되었다.

'인내천(人乃天)'이라는 말처럼, 사람 즉, 인민이 곧 하늘이다. 천자는 하늘의 아들이다. 하늘의 아들이란 곧 인민의 아들이다. 시진핑 주석은 그러한 의미에서 인민의 아들이자 하늘의 아들인 셈이다.

시진핑의 풍수행위와 풍수신앙은 여기서 멈추지 않았다. 아버지 시중쉰 묘를 길지에 모시는 풍수행위가 있었다.

이날 이장식에서 시진핑의 어머니 치신은 다음과 같이 말했다.

"… 시중쉰 동지가 마침내 광활한 황토 땅(黃土地)인 고향으로 돌아왔습니다. … 우리는 그의 유지를 받들어 각자의 업무에 최선을 다하며 혁명 후손을 양성할 것입니다."

여기서 의미심장한 단어가 '황토 땅'과 '혁명 후손 양성'이란 말이다. 황토 땅은 시진핑 주석이 자주 언급한 말이다. 혁명 후손 양성에서 그 후손은 누구를 말할까? 왜 시안으로 이장을 했을까?

시안은 시중쉰 부총리가 나서 자란 고향이기

쓰촨성을 시찰하는 시진핑 중국 국가주석

도 하지만, 13세의 나이로 혁명에 참가하여 1952년 베이징 중앙정부로 가기 전까지 활동했던 정치적 고향이다. 그는 이곳에서 서북왕(西北王)으로 불렸다. 죽어서 다시 돌아온 것이다. 그런데 시안은 단순히 그의 정치적 고향이라는 물리적 공간 그 이상의 장소성(場所性)을 갖는다.

'장안을 얻으면 천하를 얻는다(得長安得天下)'는 말이 전해진다. 장안은 시안(西安)의 옛 이름으로, 풍수 고전 '감룡경'은 "시안(장안) 일대가 태미원(太微垣)의 정기가 서려 있기에 천자의 도읍지가 되었다"고 말한다.

필자는 2020년 한 일간지에서 '용산공원화'와 관련하여 "용산을 얻으면 천하를 얻는다(得龍山得天下)"라는 문장을 썼다. 전문 가운데 일부를 소개하면 다음과 같다.

"미군 기지가 평택으로 이전하면서 용산 개발에 관심이 쏠린다. 산(山)은 용(龍)이요, 용(龍)은 임금이다. 따라서 임금은 바로 산이다. 그러므로 그곳은 제왕의 땅(帝王之地)이다. 용산을 얻으면 천하를 얻는다(得龍山 得天下). … 임진왜란·청일전쟁·해방 이후 외국군이 주둔한 것도 땅의 이점(地利)을 알았기 때문이다. 용산이 역사에 처음 등장한 것은 900여 년 전인 1101년(숙종 6년). 당시 고려는 풍수설에 따라 도읍지를 옮기려 했다. 후보지로 용산이 주목받지만 북악(청와대·경복궁)에 밀렸다. 당시 도읍지 선정에 관여했던

최사추는 '산과 물을 꼼꼼히 살폈다(審視山水)'고 했다. 그런데 그는 북악산에 우뚝 솟은 봉우리만 보았지, 용산에 인접한 한강을 간과했다. 실수였다. 역사학자 윤명철(동국대 명예교수)은 이렇게 말했다. '북악산을 주산(主山)으로 하는 한양은 방어와 경관에 적지이다. 그러나 산업과 상업 그리고 무역을 통해 대외적으로 진출하려면 부두를 가까이 두고 항구와 관련된 인프라를 구축하는 게 필요하다. 이 점에서는 용산이 적지이다.' 폐쇄 국가의 도읍지로는 한양, 개방 국가의 도읍지로는 용산이 적절하다는 뜻이다.

… 900년 전 최사추가 도읍지 후보로 살핀 용산의 풍수는 어떤 모습이었을까? 남산의 중심 산줄기(中出脈)는 하얏트호텔 → 이태원 부군당 역사공원 → 녹사평역 → 둔지산 → 미군 기지 → 국립중앙박물관으로 이어진다. 풍수에서 산을 용이라 했다. 용은 녹사평역에서 잠깐 엎드려 숨을 고른다. 용이 엎드린 곳은 고개(과협·過峽)가 된다. 과협은 길지를 만드는 필수 조건이다. 잠시 쉰 용은 이어 고개를 쳐들어 한강 쪽으로 머리를 들이민다(入首). 미군기지 내 둔지산이 바로 그 머리다. 큰 용이 물을 마시는 황룡음수(黃龍飮水) 형국이다. … 용의 부활에 시간이 필요하다. … 산은 용이요, 용은 제왕이라 했다. 제왕의 땅을 100년 뒤 후손에게 넘겨줌이 최선이다."

위 칼럼은 당시 많은 풍수술사, 역술인, 법

사들에게 인용되었다. 중국에서 시진핑 주석이 장안을 얻어 천하를 얻었다면, 한국에서는 "용산을 얻은 자 천하를 얻을 것"이란 말도 틀린 것은 아니다. 그러나 대한민국 헌법상 5년 대통령 임기제하에서 과연 용산을 얻을 자가 있을까?

리카싱(李嘉誠) 청풍그룹 회장
아시아 최고 갑부의 사옥 풍수

아시아 최고의 갑부이자 리카싱(李嘉誠)이 존경받는 이유 중 하나는 어려서 아버지를 여읜 뒤 찻집 종업원부터 시작한 자수성가의 전형이기 때문이다. 그는 온갖 역경을 딛고 일어서 지금은 '다국적기업의 황제', '세계 화상(華商) 가운데 가장 성공한 사업가', '성공과 기적의 대명사' 등의 찬사를 받는 인물이다.

리카싱은 공개적으로 풍수를 신봉한다고 말하지 않는다. 그의 발언이다. "사람들이 풍수를 믿어도 좋지만 결국 일이란 것은 사람의 노력에 달렸다(事在人爲)." 그러나 그의 풍수 신봉은 홍콩에서도 유명하다. 그의 본사 사옥 '청쿵실업(長江實業)'과 풍수는 너무 유명한 이야기이다.

본사 사옥 옆 장방형 연못 안에는 작은 섬이 3개 있고, 그 섬에는 각각 나무가 한 그루씩 심겨 있는 조경물이 있다. 중국 전통 원림(園林 · 정원) 수법 가운데 하나인 '일지삼산 (一池三山 · 하나의 연못에 3개의 산)'이다. '바다 가운데에 3개의 산(영주 · 봉래 · 방장산)이 있어 그곳에 사는 신선들은 늙지도 않고 죽지도 않

는다'는 전설을 믿었던 진시황 이래 수많은 권력자가 추구하였던 세계이다.

작은 연못에서는 장화를 신은 한 여직원이 끊임없이 두레박으로 물을 길어 작은 섬에 붓고 있다. 물을 끊임없이 붓는다는 것은 이 회사에 돈이 마르지 않게 하겠다는 풍수적 행위이다. 청쿵실업 본사 사옥이 지어질 때의 일이다. 당대 최고의 풍수사인 1922년생인 채백려를 초청하였다. 그리고 건축설계사에게 건축에 관하여 2가지를 지시하였다.

"그곳 건축법규와 풍수원칙들을 따를 것"이 그것이었다. 즉 풍수사의 지시에 따라 건축할 것을 지시한 것이다.

원래 이곳 청쿵실업이 지어질 장소 좌우는 2개의 은행, 즉 '중국은행(Bank of China · 367.4m)'과 '홍콩상하이은행(HSBC · 180m)'의 '풍수대전(風水大戰)'이 치열했던 곳이다.

홍콩상하이은행이 먼저 자리 잡고 있었다. 그 옆에 중국은행 사옥이 지어졌다. 건축설계를 담당한 이는 중국계 미국인인 I. M. 페이(1917~2019)였다. 건축계의 노벨상이라 불

리카싱 전 CK허치슨홀딩스 회장

리는 프리츠커 수상자로 세계적인 건축가였다. 그는 3가지, 즉 건축비용, 지리적 위치, 풍수를 고려하여 설계를 하였고, 건축 주제를 "우후춘순(雨後春筍)"으로 하였다. 즉 "비 온 뒤에 쭉쭉 자라는 봄 죽순"을 형상화한 것이다. 중국은행이 우후춘순처럼 성장하기를 바라는 건축 모양이었다. 문제는 그 건물이 마치 창(槍)처럼 생겼다는 것이다. 홍콩상하이은행을 찌른 형상이었다.

이에 대응하여 홍콩상하이은행은 옥상에 두 대의 대포 모양의 조형물을 설치하여 중국은행을 향하게 하였다. 당시 홍콩에서 유명해진 '풍수대전'이었다.

중국은행은 창(槍) 모양이고, 홍콩상하이은행은 대포(大砲)처럼 생겼다. 이 둘이 서로 겨누는 중간에 청콩실업 건물이 세워질 예정이었

다. 리카싱이 초빙한 풍수사 채벽려는 3가지를 건축사에게 지시한다.

첫째, 양측 건물의 꼭대기를 잇는 가상의 선을 긋고, 그 선에 닿지 않을 정도의 높이(283m)까지만 빌딩을 지을 것.

둘째, 홍콩상하이은행의 대포가 날아올 경우(가상이다) 그 대포알이 통과하도록 사옥 상단, 중단, 하단 부분을 공실로 남길 것.

셋째, 5cm 강관(鋼管)으로 마치 비계 설치하듯 외벽을 감싸게 하여 중국은행 창이 내리칠 경우 이를 막는 방패 역할을 하게 할 것.

얼마나 리카싱이 풍수를 신봉하였는가 알 수 있는 단적인 대목이다.

리카싱이 이곳에 본사를 짓고 난 뒤 사업이 더욱 번창하였음은 널리 알려진 사실이다.

Chapter 5
돈이 모이는 생활 풍수

집도 자신과 맞는 집이 있다

운명을 바꾸는 데 집만큼 중요한 것이 없다. '집 주(住)' 자를 파자하면 '사람 인(人)+주인 주(主)'가 된다. 즉 집은 사람이 주인이 되어야 함을 말한다. 사람이 집의 기운을 장악해야지, 집이 사람의 주인이 되어서는 안 된다.

집은 단순한 주거 공간이 아니라 나 자신의 가치를 실현할 수 있는 공간이다. 그러한 까닭에 독일 속담은 "집은 영혼의 거울"이라고까지 말한다.

땅과 궁합이 맞아 그곳에서 번영과 행복을 누린다면 좋지만, 그렇지 않을 경우 떠나야 한다. 풍수적으로는 2가지 이유가 있다. 첫째, 풍수 격언에 '천불이지불수(天不貽地不受)'라는 말이 있다. 인연이 없는 사람에게 하늘은 그 땅을 주지도 않고, 땅 또한 그 사람을 받아들이지 않는다는 뜻이다. 굳이 인연이 없는 땅에서 살 필요가 없는 것이다. 둘째, 풍수의 핵심이론 동기감응설(同氣感應說)에 근거해서이

다. 새로운 곳으로 거주지를 옮기면 먹을거리가 달라진다. 체질에 변화가 발생한다. 만나는 사람이 달라진다. 문화와 각종 제도가 달라진다. 사람의 행동 양식이 달라진다. 그 결과, 이전에 살았던 곳과는 전혀 다른 새로운 운명의 길을 갈 수 있다.

궁궐, 명문고택의 터에 머물러라

서울에서 명예운을 향상할 수 잇는 가장 좋은 곳은 궁궐과 왕릉이다. 조선 왕조의 궁궐과 왕릉은 입지 선정에서 공간 배치까지 조선 최고의 지관과 풍수 학인이 참여해 결정한 곳들이다. 당연 최고로 좋은 기운이 머무는 곳이다.

궁궐을 찾았을 때, 특히 오래 앉아서 머물 곳이 있다. 왕이 정사를 보았던 정전이나 왕과 왕비의 생활 공간인 침전 혹은 그 가까운 곳에 오랫동안 앉아서 기를 받아야 한다. 의식적으로 그곳에 앉아 기운까지 흡수해야 한다. 한

두 번이 아닌 몇 날 며칠 일정한 장소를 찾아 앉아 있기를 반복한다.

관련해서 전국 주요 도시의 관찰사, 목감, 현감이 집무를 보았던 관아 그리고 최근에 세계문화유산에 등재된 서원 터도 풍수상 길지이며, 대부분은 문화재로 남아 있다. 이곳에 가서 오랫동안 앉아서 기운을 받는 것도 좋다. 전국에 산재한 명문가 고택도 길지이다.

많은 곳들이 도나 국가 지정문화재로 정해져 관리도 잘되어 있으며 찾아가기도 쉽다. 그렇다고 사람들이 대거 몰리는 곳은 아니어서 호젓하게 둘러볼 수 있으며 차분하게 기를 받을 수 있다. 이런 곳에 가면 둘러보는 것이 아니라 안방이나 사랑채 마루에 오랫동안 앉아서 주위 사방 산들까지 함께 두루 체득함이 중요하다.

한강 집 단상

풍수에서 물은 돈, 즉 재물로 해석된다.
개인이든 집단이든 물가에 사는 것이 돈을 더 많이 번다는 점은 풍수학자들이 대체로 동의한다. 조선 시대에는 사대문 안에 돈이 가장 많았고 지금도 돈이 많이 움직이는 곳은 청계천 주변이다.

이 때문인지 한강변의 아파트는 소위 조망권 프리미엄이 형성돼 다른 지역의 아파트보다 훨씬 비싸다. 그러나 한강변 아파트라고 모두 풍수적으로 길(吉)한 것은 아니라는 게 풍수지리학자들의 설명이다.

풍수에서는 한강이 아파트 단지를 둥글게 감싸안은 채 금성수(金星水)로 흐르는 곳을 명당으로 여긴다. 반대로 단지를 등진 채 반궁수(反弓水)로 흐르는 곳은 명당이 아닌 것으로 친다. 동에서 서쪽으로 흐르는 한강의 물길 중에서 금성수 지역은 압구정·이촌·자양동 등이고, 반궁수에 속하는 곳은 신천·반포동 등

이다.

일반적으로 풍수지리상 명당은 강이 그 지역을 휘감으면서 집 전면에서 꺾인 곳으로 한강 이북에서는 △용산구 이촌동, 서빙고동 △광진구 자양동, 구의동 등이며 한강 이남에서는 △강남 압구정동이 대표적이다.

반면 풍수지리학상으로 한강변이지만 상대적으로 좋지 않은 지역은 명당과 반대편에 위치해 강이 돌출돼 흐르면서 유속이 급해지는 곳으로 △송파구 신천동, 잠실동 △동작구 흑석동, 동작동 △성동구 금호동 등이 이에 해당된다.

현재 우리나라의 아파트 가격만 봐도 대체로 크게 다르지 않다. 강변의 아파트 가격은 다른 지역에 비해 더 비싸다. 그렇다고 강변에 있는 모든 아파트가 가격이 균등하게 비싼 것은 아니다. 강물이 감싸 돌아야 한다. 서울의 경우, 여의도 · 용산 · 강남 · 광진 등 한강물이 환포하는 곳이 아파트 가격을 선도하고, 그 반대쪽, 즉 물의 공격사면 지역에 있는 아파트 가격이 뒤따라가는 추세이다.

재물을 바란다면 강과 바다를 만나라

사는 곳이 강변이 아니더라도 재물운과 애정운을 원한다면 산이 아닌 물로 가야 한다. 굳이 멀리 바닷가까지 갈 것 없이 내가 사는 주변의 천변과 강을 찾을 필요가 있다. 물론 바다나 온천으로 여행을 갈 수 있다면 더욱 좋다. 다만 인적이 끊긴 곳, 인가가 없는 물가는 재물운이 따르지 않는다. 인가나 상가 혹은 항구가 있는 물가가 재물운을 향상한다. 강의 경우 공격사면이 아닌 환포지역(서울의 마포, 여의도, 용산, 강남 등)을 자주 찾아가 오랫 동안 앉아 있거나 머물러야 한다. 바다의 경우 돌출부가 아닌 만(灣)을 찾아야지 바람이 센 돌출부를 찾으면 안 된다. 호수나 연못은 재물운과 사업운에 좋고, 흐르는 강이나 바다는 연애운과 재물운에 좋다. 동해 바다는 재물운과 권력운 향상에 좋고, 서해 바다는 재물운과 애정운에 좋다.

조상의 무덤을 찾아가야 하는 이유

나의 뿌리는 조상이다. 그들의 무덤과 족보를 보면서 그들의 성공과 실패를 공부하라. 어떻게 성공했고, 왜 실패했는지를 살펴보라. 조상을 추적하다 보면 '나라는 한 인간이 독자적으로 이 세상에 존재하는 것이 아니고 아주 오래된 '생명의 체인(chain of life)'의 한 고리임을 알 수 있다. 나라는 존재가 나의 노력과 능력보다는 그러한 생명의 체인에 의해 규정된다는 것이다.

선영 참배는 음양의 조화와 균형을 꾀하게 해

줌으로써 자신이 사는 사회에서 안정적 삶을 이루게 해준다. 조상의 무덤을 찾을 때 무엇을 바쳐야 하는가? 평소 고인이 좋아하던 술이나 자신이 좋아하는 술을 따라 올려라. 고급 술일수록 좋다.

그렇다면 선영을 참배하기에 좋은 때는 언제일까. 그때는 따로 있는 것이 아니다. 첫째, 중요한 일이 생겼을 때가 바로 성묘할 때이다. 둘째, 조상이 돌아가신 날이 무덤을 참배할 때이다. 이때 참배를 하면 복을 많이 받는다. 사람이 죽는 날은 이승에서의 삶은 끝나지만 저승에서는 새로 태어난 날, 즉 저승의 생일날이다. 조상이 돌아가신 날을 기해 그 선영을 찾는 것은 마치 살아 계신 부모의 생일날에 부모님 댁을 찾아 축하하고 기뻐하는 것과 같은 이치다.

과감한 이장도 필요하다

집안일이 잘 풀리지 않거나, 혹은 더 큰일을 도무하려면 과감하게 이장할 필요도 있다. 역사적으로 이장을 해 성공한 사람은 부지기수다. 나이 삼십이 넘도록 아들이 없던 정조는 1789년(정조 13) 아버지 사도세자의 무덤을 수원으로 옮긴다. 이장하고 나서 1년 안에 국가의 큰 경사가 있을 것이라는 예언이 있었는데, 예언대로 왕자가 태어났다. 흥선대원군은 1845년(헌종 11) 경기도 연천에 있던 아버지 남연군의 무덤을 많은 노력 끝에 충남 예산의 가야사 터로 옮겼다. 그로부터 7년 뒤인

1852년에 둘째 아들 명복이 태어났고, 명복은 나이 열두 살이 되던 1863년 임금이 된다. 그가 고종이다.

돈이 모이지 않아요

돈은 늘 약한 이에게서 강한 이에게로 흘러간다. 강자는 근육이 울퉁불퉁하거나 머리가 좋은 이가 아니다. 나보다 키가 크고 얼굴이 잘났다고 꼭 돈을 잘 버는 것도 아니다. 남보다 운이 좋은 이가 바로 강자다. 물론 태어날 때부터 금수저인 이가 있다. 태생적으로 운을 어떻게 뒤집을 수 있을까. 마냥 부러워만 한다고 변하는 건 없다. 그저 바라만 본다면 제자리에 머무를 수밖에 없다. 운은 바뀔 수 있다는 명제를 기억하자.

우선 돈이 내 주머니에 모이지 않으면 그 원인부터 차근차근 따져봐야 한다. 다시 말해 돈을 제대로 알아야 한다는 말이다. 흔히 돈에는 임자가 없다고들 한다. 줍는 자가 바로 임자다. 그러려면 관심을 갖고 사랑해야 한다. 이성

(異性)에 전혀 관심이 없는데 어찌 애인이 생길 수 있을까. 돈도 자기에게 관심 없는 이는 돌아보지 않는다.

둘째, 돈을 소중한 마음으로 모셔야 한다. 지갑 속 지폐가 꼬깃꼬깃 접혀 있다면 되도록 잘 펴서 가지런히 넣어두자. 깨끗한 이들 곁에 다가가고 싶은 것과 같은 원리다. 돈이 들어올 때나 나갈 때 귀빈 모시듯 대하자. 쉽게 말해 접거나 구기지 말자는 말이다.

셋째, 모든 행동에는 돈이 전제된다. 나의 노동이나 남의 노동 모두 돈(대가)이 따른다. 내가 먼저 남의 돈을 빛나게 하자. 일례로 관혼상제, 교제에 드는 비용은 후하게 하자. 결혼식 축의금을 얼마나 낼지 하루 종일 고민하다 최소한의 금액만 봉투에 넣는 인색함에는 금

운이 따르지 않는다. 앞서도 말했듯 운은 돈으로 살 수 있다. 돈을 제대로 쓰면 운이 달라붙는다. 잘 쓰면 잘 쓸수록 운도 성장한다. 그렇다고 어설픈 관계에 돈을 쓰라는 말이 아니다. 눈감아도 되는 관계는 마음을 두지 말자. 면후심흑(面厚心黑), 낯가죽은 두껍고 속마음은 검어야 성공한다. 뻔뻔해져야 한다는 말이다. 그러려면 선택과 집중이 필요하다. 선택적으로 필요한 사람에겐 후해져야 한다. 두 배를 내면 고맙다는 말을 듣지만 세 배를 내면 확실히 내 사람이 된다.

넷째, 친구에게 빌붙지 말자. 얻어만 먹는 이를 좋아할 사람은 어디에도 없다. 이러한 상황은 뒷얘기를 낳기도 한다. 발 없는 말이 천리 간다. 언제 어디선가 누군가에게 빌붙은 얘기

는 10년이 지나도 회자되기 마련이다.

다섯째, 자신과 가족을 위해 좋은 물건을 사면 살수록 가족운이 향상된다. 환경이 바뀌면 생각이 바뀌고 생각이 바뀌면 행동이 바뀐다. 결국 재물운이 좋아지고 돈이 모이는 팔자로 바뀐다.

여섯째, 빈말이라도 입버릇처럼 "돈이 없다" "지갑이 비었다" "너무 비싸다" "무슨 돈이 이렇게 많이 드나" 등의 말을 반복하면 돈은 달아난다. 말하는 대로 이뤄진다는 말, 괜한 말이 아니다. 불길한 말은 되도록 입에 담지 말자.

나쁜 습관이 운명을 바꾼다

지금까지의 나를 돌아보고 장단점을 찾아보자. 굳이 장점을 바꿀 필요는 없지만 단점은 반드시 끊어내야 한다. 그건 어쩌면 기존의 인연을 끊는 것과 같은 이치다. 기존의 나와 이별하고 새로운 나를 만나는 과정을 거쳐야 운명이 바뀐다.

나의 단점을 내보내면 새로운 시간과 공간이 생긴다. 빈 공간은 새로운 사람, 새로운 습관으로 채워지게 마련이다. 지금의 내가 불행하다고 느껴진다면 혹 내게 '나쁜 습관'은 없는지 돌아봐야 한다. 나쁜 습관이 많으면 당연히 나쁜 사람이 된다. 나쁜 습관과의 연을 끊으면 단점은 저절로 소멸된다. 흡연가가 금연했을

때 서서히 건강이 회복되는 것과 같은 이치다. 가장 먼저 돌아봐야 할 건 '말'이다. 부정적인 말이 앞서는 습관은 불운의 시초가 된다. 습관적인 불평은 눈앞의 행운을 걷어차는 행위다. 언어에는 혼(魂)이 깃들어 있다. "재수 없게" "나 같은 게…" "아이고…" "힘들어 죽겠네" "돈이 없어서" 등의 자조적인 표현은 그렇게 될 수밖에 없는 출발점을 스스로 마련하는 꼴이다. 그 말을 듣는 상대방도 당신을 그렇게 바라본다.

내 주변에 그동안 쓰지 않은 물건을 쌓아두고 있다면 이제 그만 버리자. 쌓아두는 것도 일종의 습관이다. 가방, 필기도구, 화장품, 상비

약, 옷, 등산장비 등 1년간 단 한 번도 쓰지 않은 물건은 미련 없이 정리하자. 오랫동안 쓰지 않았다면 아무리 비싸게 구입했더라도 나와 인연이 없는 것이다. 쓸모없는 물건이 공연히 나를 붙들고 움직일 수 없게 만든다. 만약 비교적 새것이고 고가품이라면 주변 사람들에게 선물하자. 고맙다는 인사와 인심을 얻게 되는 동시에 운이 바뀌는 계기가 된다. 비우면 그만큼 공간이 넓어진다. 공간이 눈에 들어오면 무엇으로 채워야 할지 새로운 것이 눈에 들어온다. 물건이 바뀌면 환경이 바뀌고 주변이 달라지면 저절로 내가 바뀐다.

무조건 유명인에게 열광하는 것도 중독이자 습관이다. 가수, 배우 등 연예인이나 운동선수에게 열광할 순 있다. 하지만 한순간이다. 덕후가 되는 순간 인생이 달라진다. 나와 전혀 상관없는 이들 때문에 내 운이 달라지는 건 누구도 바라는 일이 아닐 것이다. 전혀 상관없는 이들의 범주엔 이른바 셀럽도 포함된다. 그들의 성공이 지금 당신에게 어떤 도움이 될 수 있을까. 상관관계가 없다면 끊자. 그들을 부러워할 필요도 없다. 그저 부럽기만 하면 지는 인생이다.

속옷만 잘 입어도 운이 바뀐다

가장 먼저 속옷부터 바꾸자. 웬 속옷이냐고 놀라는 이들도 있겠지만 몸에 밀착된 속옷은 운에 직접적인 영향을 미친다. 속옷의 색상, 모양, 원단(재질), 브랜드 등 모든 걸 과감하게 바꿔보자. 이 중 속옷의 재질과 색상의 영향력이 가장 크다. 이 두 가지만 바뀌어도 제대로 바뀌었다고 말할 수 있다. 자신에게 맞는 속옷 색깔을 찾지 못하겠다면 몇 가지 원칙을 기억하자. 우선 재물을 원한다면 남녀 모두 붉은 계통을 고르자. 붉은색은 재물의 기운을 높이는 역할을 한다. 흔히 붉은색을 불에 비유하곤 한다. 붉은 기운은 활활 타오르는 불처럼 재물이 늘어나는 기운을 주관한다.

승진이나 권력처럼 명예를 원한다면 노란색이나 초록색 계통의 속옷을 입자. 노란색은 동서고금을 막론하고 최고 권력자가 취했던 금단

의 색이다. 오행상 중앙을 상징하기도 한다. 또한 멜라토닌 분비를 촉진해 편안한 잠자리를 유도한다. 초록색은 눈을 시원하게 할 뿐만 아니라 풍수 격언에 '사람을 보는 안목을 키워준다'고 알려져 있다. 그럼 남녀노소 누구나 하나씩 갖고 있는 흰색은 어떨까. 흰색은 오행상 금(金)에 해당돼 강하고 냉철한 기운을 발산한다. 이와 관련된 업종, 예를 들어 군인, 경찰, 검찰, 외과의사 등에 종사하는 이라면 도움이 되는 기운을 받을 수 있다.

좀 더 여유가 있다면 겉옷도 바꾸자. 지금 입고 있는 옷을 버리고 새 옷을 입자는 말이 아니다. 우선 사이즈가 맞지 않는 옷은 과감히 버려야 한다. '살 빼면 입어야지'란 생각으로 고이 모셔놓은 고가의 옷은 버리자. 한때 혹은 지금도 트렌디하게 여겨지는 오버사이즈의 옷

도 해당된다. 내 사이즈가 아닌 옷은 나를 옭아맨다. 발전을 가로막는다. 입지도 않으면서 옷장에 넣어둘 필요가 없다. 흔히 옷이 바뀌면 모습이 바뀐다고 한다. 그건 다른 사람, 새로운 사람이 된다는 말이다. '매너가 신사를 만든다'는 말처럼 때론 '옷이 사람을 만든다'. 집이 가난해도 좋은 옷을 입으면 신수가 훤해지는 것 역시 이러한 이치다. 풍수고전인 '황제택경'에 나오는 말이다.

운을 바꾸는 개명

〈改名〉

연예인들은 종종 이름을 바꾸고 나오곤 한다. 그 이유에는 여러 가지가 있겠지만 대중에게 더 다가가려는 것이 가장 큰 이유임은 어렵지 않게 짐작할 수 있다. 개명 후 공교롭게도 예전에 비해 방송 출연을 더 활발히 하는 경우를 종종 본다. 개명이 성공적으로 이뤄진 사례다. 정치인 중에서도 이름을 바꾼 사람이 있다. 홍준표 대구시장은 원래 홍판표였다.

그는 자신의 소셜미디어 계정에 개명을 하게 된 계기를 이렇게 적었다.

"청주지검 초임 검사 때 청주지법원장을 하시던 윤영오 법원장과 저녁을 먹다가 법원장님께서 판사도 아닌데 이름 중간자가 판자로 되어 있는 것은 맞지 않는다고 하시면서 개명을 하라고 하시길래 그렇게 했다." 검사란 직에 이름이 어울리지 않다는 조언을 받고 바꿨다는 것이다. 그 후 홍준표 시장은 검사로서도 이름을 날리고, 정치권에 들어서도 장수를 하고 있다. 개명 행위가 홍 시장의 인생여정에 얼마나 작용했는지는 알 수 없지만, 일정 부분 기여했음은 어렵지 않게 엿볼 수 있다. 개명 후 대중에게 각인된 '홍준표'란 이름은 '정치인 브랜드'로서는 꽤 무게감을 가진다.

개명은 보통 자신의 인생이 잘 풀리지 않을 때 고민을 한다. 하지만 개명이 모두 '운'을 가져다주는 것은 아니다. 잘못된 개명은 오히려 자신의 운을 깎아 먹는다. 보통 개명을 할 때는 사주팔자를 고려하는데, 오행상 부족한 부분을 따진다. 그런데 오행상 부족함을 따질 때 작명가의 실력이 상당히 좌우한다고 한다. 오행상 부족하지만 개인의 사주팔자에 부정적 영향을 미치는 작명을 하면 개명을 하지 않느니만 못하다는 것이다.

보통 개명을 할 때는 먼저 항렬을 고려한다. 가문별로 다 다르다. 이후 개개인 사주를 고려한 음양오행의 순서를 따진다.

여기에 더해 부르는 소리도 중요하다. 개명을 했는데 부르기 어렵다면 그것은 좋은 이름이 아니다. 홍 시장의 경우도 판표보다는 준표가 어감이 훨씬 좋다. 뜻이 좋아야 하며, 이름자 획수의 음양도 서로 맞아야 하고, 주역괘에도 어긋남이 없어야 한다. 또한 수리에도 맞아야 한다. 수리의 경우 일제시대 유입된 것인데, 구마사키 겐오라는 일본인이 연구해 만들어

낸 것이다. 그는 "성명은 인간 개개인의 특수 표기 부호이자 운명의 숙소"라고 정의한다.

하지만 이런 규칙에 너무 얽매이면 정작 이름에 뜻이 들어가지 못하는 단점도 생긴다. 모든 규칙에 맞게 작명을 했지만 정작 내용 없는 형식이 되는 것이다.

그래서 이름은 부르기 쉽고 뜻이 좋아야 하다는 기본 원칙이 가장 중요하다는 주장도 있다. 개명이 필요하지만 개명을 하기 싫으면 어떤 방법이 있을까.

김두규 우석대 교수는 "호나 필명 예명을 사용하면 된다"고 조언한다. 우리의 옛 선조들이 사용했던 방식이다. 굳이 예스러운 이름을 고집할 필요도 없다. 현대식으로 해도 좋은 기운을 받을 수 있다는 것이다.

방송인 한은정 씨의 경우 이름을 한다감으로 바꿨다. 이후 방송에서 보는 빈도가 꽤 많아졌고 대중적 이미지도 좋아졌는데, 한다감이란 이름이 예명이다. 예명도 개명 못지않게 운의 흐름을 바꿀 수 있는 사례다.

김 교수는 "개명 시 한글 이름도 좋지만 좋은 뜻을 가진 한자로 표기할 수 있다면 중국, 일본, 동남아시아에서도 통용이 가능하다"면서 "글로벌 시대에 맞게 개명하는 것도 운을 틔우는 법"이라고 말했다.

힘들면 차라리 명당에서 쉬자

산에 오른 적이 있다면 한 번쯤 이런 경험이 있을 것이다. 숨을 헐떡이며 정상에 올라 고개를 드는 순간 눈앞에 펼쳐진 자연의 아름다움에 감탄을 자아낸 적 말이다. 그 순간 몸을 짓눌렀던 힘겨움이 사라지는 것을 느꼈을 것이다. 오르는 과정에서 느꼈던 고통이 자연이 주는 풍경에 절로 치유된 것이다. 푸름이 가득한 자연은 언제 봐도 우리에게 좋은 기운을 던져준다. 게다가 높은 산에서 바라보는 절경은 더욱 그렇다. 등산인이라면 한번쯤 꿈꾸게 되는, 하지만 극강의 난도에 해당되는 설악산 공룡능선을 걷는 것도, 이를 해낸 후 능선 위에서 바라보는 절경과 그에 따른 기운이 천하제일이어서라고 해도 과언이 아니다.

굳이 명당이 아니라도 이럴진대, 명당의 기운과 함께라면 그 기분이 배가될 수 있음은 자명한 사실이다. 이 때문에 등산을 하거나 트레이킹을 하거나 아니면 외부활동을 하는 경우 힘들면 좋은 기운이 있는 곳에서 쉬는 습관을 들이는 것이 좋다. 명당터면 금상첨화다. 하지만 일반인들의 눈에 명당터가 절로 들어올 리 만무하다. 이에 어디를 가나 햇볕이 잘 들고 물이 적은 동시에 굴곡지지 않은 터를 찾는 습관을 들이자. 명당이 아니라도 이런 자리는 일단 편하다. 이런 자리를 찾다 보면 어느 순간 '깨달음'이 올 수도 있다.

이조차 번거롭거나 자신이 없다면 국내 공개된 명당터를 찾는 것도 명당 기운을 느끼는 방법 중 하나다. 일반적으로 풍수에서 말하는 명당의 기운은 그곳에 묏자리를 써야만 받을 수 있다고 한다. 그런 못자리를 위해 쟁탈전을 벌인 일화도 수두룩하다. 명당의 기운을 받는 가장 좋은 방법은 그 터에 안식처를 마련하는 것이지만 대부분이 그러지 못한다. 그 대안으로 명당을 자주 찾아 그 기운을 느껴 보자. 좋은 기운을 가진 곳에 자주 가다 보면 일도 잘 풀리기 마련이다.

이제 관건은 어디가 명당인지 파악하는 것인데, 그리 어렵지 않다.

김두규 우석대 교수는 이와 관련해 그의 저서 '2020년 운명을 읽는다'에서 이렇게 적었다. "전국 주요 도시의 관찰사 목사 현감이 집무를 보았던 관아 그리고 최근에 세계문화유산에 등재된 서원터도 풍수상 길지이며, 이들 대부분이 문화재로 남아 있다. 이곳에 가서 오랫동안 앉아서 기운을 받아라. 전국에 산재한 명문

청와대에서 바라본 광화문 전경

가 고택과 그 인근에 있는 명문가 무덤도 왕릉에 못지않은 길지이다. 많은 곳들이 도나 국가 지정문화재로 정해져 관리가 잘되어 있으며 찾아가기도 쉽다. 사찰 가운데도 좋은 기운이 뭉친 곳이 많다. 다만 이런 사찰에는 신자와 관람객이 넘쳐 소란스러운 까닭에 차분하게 좋은 기운을 체득하기가 어렵다. (이런 곳에서 기운을 받고 싶으면) 대웅전 뒤에 있는 산신각이나 삼성각을 찾아 그곳에 오래 머무는 것이 좋다. 대웅전에 비해 찾는 이들이 적어 한적한 데다 규모는 작아도 강한 기운이 뭉쳐 있어 효과적으로 기운을 받을 수 있기 때문이다."

요약하자면 전국에 산재한 명승지, 서원, 절 등이 모두 기운을 받을 수 있는 곳이라는 얘기다. 숨겨진 명당에서 쉬고 싶다면 산을 자주 올라야 한다. 명당은 쉽게 곁을 내주지 않기 때문이다.

청와대 내 천하제일복지 푯말

天下第一福地

경무대(옛 본관) 터

보석을 지녀라, 기운이 달라진다

대부분 보석 한 개 정도는 지니고 다닐 것이다. 결혼한 이들은 결혼반지라도 낄 것이고, 여성들의 경우 목걸이, 반지, 귀걸이 정도는 항상 하고 다닌다. 요즘은 남성들도 자신을 꾸미는 데 적극적이어서 귀금속을 가까이 하는 경향이 짙다.

풍수에서는 보석을 몸에 지니는 행위도 풍수의 일환으로 본다. 깊은 산속 명당을 찾아다니는 것만 풍수 행위가 아니라는 것이다. 이는 보석이 귀한 존재이기 때문이다.

좋은 보석일수록 그 가치가 높아지는데, 풍수에서는 이를 강한 기운으로 본다. 기운이 강하다는 것은 큰 영향을 미친다는 뜻이다. 재물 기운이 강한 명당의 경우 후대 만석꾼 혹은 재벌을 낳고, 천자의 기운을 담은 명당은 한 왕조를 일으킨다. 귀한 보석도 이와 마찬가지라

는 것이다. 보석의 기운을 받는 방법은 계속 몸에 지니는 것이다.

아무리 진귀한 보석이라도 땅속에 묻혀 있으면 그 존재를 알 수 없고 빛날 수도 없다. 그것이 빛날 때는 세상에 모습을 드러낼 때다.

김두규 우석대 교수는 "보석이 귀하다고 집 안 깊이 모셔놓으면 그 기운을 제대로 누릴 수 없다"면서 "너무 아끼는 것보다 종종 몸에 지니면 더 나은 운을 받을 수 있다"고 말했다.

실제 종종 들리는 대형 다이아몬드 발견의 경우, 그것이 땅속에 묻혀 있을 때는 별 가치가 없지만 그 존재가 알려진 순간 몸값이 천정부지로 뛰어오른다. 2022년 11월 스위스 제네바 크리스티 경매에 나온 18캐럿의 희귀한 핑크색 다이아몬드는 390억원에 팔렸다. 행운을 부른다는 이 다이아몬드는 실제 그것을 발

견한 이에게 부를 가져다준 셈이다.

중국에서는 전통적으로 옥과 수정이 귀하게 여겨졌다. 그중 옥이 으뜸이다. 흉함을 길함으로 바꾼다는 오랜 속설이 있다. 김 교수에 따르면 옥은 미용ㆍ귀신ㆍ진정 작용ㆍ질병 치료 등에 효과가 있다.

다이아몬드는 금전운을 상승시킨다. 좋은 다이아몬드가 비싼 값에 팔리는 것을 감안하면 금전운과의 관련성을 어렵지 않게 짐작할 수 있다.

자수정이나 석영 원석도 집 안에 두면 좋은 기운을 가져올 수 있다. 유럽인들은 보석을 질병 치료와도 연관시킨다.

김 교수에 따르면 오팔은 시력에 도움을 준다는 속설이 있다. 토파즈도 마찬가지다. 특히 토파즈는 독이 든 음식에 두면 색깔이 바뀌는 것으로 알려져 있다. 그래서 독살의 위협에 시달리는 이들이 옆에 두었다고 한다. 불면증 치료에도 효험이 있어 중세 귀부인들이 즐겨 찾았다고 한다. 에메랄드는 해독에 효과가 있는 것으로 전해진다.

진주는 위장병에, 호박은 중풍 후두염을 예방해 준다는 속설이 있다. 또 사파이어는 집중력을 높이는 데 도움이 된다고 알려졌다.

김 교수는 보석의 풍수 연관성에 대해 중세 독일의 수녀원장 힐데가르트 폰 빙엔 말을 빌려 이렇게 설명했다.

"하느님은 보석이 가지는 빛과 힘을 헛되이 버리시지 않는다. 보석들은 대개 땅속 깊은 곳에서 강력한 압력이나 충격에 의해 만들어지는데, 이때 그것들은 특정 진동을 얻게 되며 그 특정 진동은 다시금 다른 사물에게 전이될 수 있다."

삼재와 아홉수를
피하는 풍수

삼재(三災)는 본디 불교에서 말하는 세 가지 재앙을 말한다. 작은 삼재와 큰 삼재가 있다. 작은 삼재는 전쟁과 질병 굶주림의 재앙을 의미하며, 큰 삼재는 수재와 화재 풍재 등을 말한다. 삼재는 사람마다 9년을 주기로 맞는다. 삼재의 운이 든 첫해를 '들어오는 삼재'란 뜻의 '들삼재'라고 한다. 둘째 해는 '누워 있는 삼재'라고 하여 '누울삼재' 혹은 '가운데 삼재'를 뜻하는 '중(中)삼재'라고도 한다. 셋째 해의 삼재는 '나가는 삼재'라고 하여 '날삼재'라 한다. 삼재 가운데 누울삼재(중삼재)를 가장 흉하다고 하여 '악(惡)삼재'라고도 한다. 이때는 여행 · 캠핑 · 물놀이 등을 삼가는 것이 좋다. 부모 사이에 다툼이 있을 수도 있다. 부모는 자식에 대한 각별한 이해와 위로, 그리고 칭찬으로 자녀에게 악삼재의 운이 달라붙지 않도록 한다.

우리 민족에게 삼재 민속은 불교가 국교가 된 고려 시대부터 뿌리를 내려 민간에서는 매우 무겁게 수용되고 있다. 그만큼 삼재를 피하는 다양한 방법이 전해지는데 '동국세시기'에서는 삼재에 들었다면 세 마리 매를 그려 방문 위 들보에 붙이라고 하였다. 또 민간에서는 삼재가 든 사람의 옷을 삼거리에서 태우고 빌거나 달력에 표기된 첫 말날에 삼거리에 나가서 밥 세 그릇과 과일을 차리고 촛불을 켜놓고 빌게 하였다. 정월 보름에 삼재가 든 사람의 버선본을 종이로 오려 대나무에 끼워 지붕의 용마루에 꽂아놓고 동쪽을 향해 일곱 번

절을 하거나, 달집을 태울 때 자기 옷의 동정을 태우거나 무당에게서 부적을 받아 삼재의 재앙을 피하고자 하였다.

다만 삼재가 반드시 나쁜 것만은 아니라고 한다. 최선의 방어는 공격이라는 말이 있듯, 나쁜 운을 좋은 운으로 바꿀 수 있다. 그러한 까닭에 삼재를 악삼재가 아닌 복(福)삼재라고도 하며, 풍수 비결을 활용하면 바꿀 수 있다.

'중요한 날'을 앞두고 있다면

중요한 날이 있다면 그 기운을 파악하는 것이 먼저다. 건강·명예·승진·합격을 기원하면 산과 고원으로 여행을 가는 것이 좋다. 산에는 석산과 흙산(肉山)이 있다. 석산은 명예와 권력을, 흙산은 재물의 기운이 더 강하다. 권력을 원한다면 석산(인왕산·북악산·계룡산·감악산·속리산·무등산·월출산 등)을 자주 찾고, 재물을 원하면 후덕한 흙산(지리산·오대산·가리왕산·방태산 등)을 자주 찾는 것이 좋다. 다만 스키장이 있는 산은 이롭지 않다. 산에 너무 많은 칼질을 했기 때문이다. 좋은 운을 주기 어렵다. 사양산업이 된 스키이기에 더욱 기운이 쇠했다.

산에 갈 수 없는 사람이라면 도심 속의 높은 곳(63빌딩, 남산타워, 롯데타워)을 오르는 것도 도움이 된다. 공자도 태산에 오르고서야 천하가 작은 줄 깨달았다. 높은 곳에 올라 시야를 넓힐 필요가 있다.

계절에 따라 운이 달라진다. 특히 봄에는 계절에 맞게 피는 꽃길 여행이 좋다. 봄 여행은 나무의 기운을 돋워준다. 무엇인가 기획하고 새로운 것을 시작하려 할 때 만물에 생명을 부여하는 자연을 보면 새로운 힘과 기운 그리고 아이디어가 떠오른다. 여름 여행은 불의 기운을 돋워준다. 불기운의 핵심은 빛이다. 빛은 다름 아닌 문화다. 우리가 흔히 쓰는 관광(觀光)

이란 단어는 '빛을 본다'라고 직역하지만, 이때 광은 문화를 의미한다. 여름꽃인 장미·양귀비·해바라기·백합의 명소로 방문하는 것이 좋다. 가을 여행은 금(金)의 기운, 즉 수렴하고 통일하는 기운을 상승시킨다. 자연의 생명들이 잎사귀를 떨어뜨리고 열매만 매달리게 하듯 개인이나 조직도 비본질적인 것을 정리하고 핵심을 추스르도록 기운을 돋워준다. 가을꽃으로는 코스모스·상사화·메밀꽃·구절초·국화가 대표적이다. 겨울 여행은 가을걷이가 끝난 자연이 그 씨앗을 숨겨 새로운 봄을 기다림과 같다. 만물이 한겨울 추위 속에서 씨앗을 땅속에 간직하였다가 다가올 봄의 새싹으로 거듭나게 하는 기운을 북돋워 준다. 험난한 시절을 맞고 있는 이들에게 새로운 힘과 지혜를 주는 여행이 될 수 있다. 겨울 여행은 높은 산보다는 평지를 택하는 것이 좋다.

버리는 것도 풍수의 일환

기운이 나쁜 것을 버리고 새롭게 바꾸는 것도 풍수의 일환이다. 일이 잘 풀리지 않는다면 기존의 것을 과감하게 버리는 것이 좋다. 먼저 기존의 인연을 과감하게 끊는다. 잠시 그들을 내 영역에서 내보내고 만남을 끊으면 자신만의 시간과 공간이 생긴다. 공간에는 새로운 사람들이 들어온다. 현재의 불행한 나는 과거의 결과물이다.

언어 행위에 있어서도 기존의 습관을 버리는 것이 좋다. 먼저 부정적인 말을 버려라. 습관적인 불평은 나의 눈과 귀를 가린다.

언어에는 혼(魂)이 깃들어 있다. "재수가 없어서" "운이 없어서" "나는 안돼" "힘들어 죽겠네" 등의 자조적인 표현은 혼잣말로도 쓰지 않는 것이 좋다.

습관이 아닌 물건의 경우 1년 동안 쓰지 않았다면 버리는 것이 좋다. 가방, 밥그릇, 옷, 화장품, 필기도구, 등산 장비 등 아무리 비싸게 사들인 것이라도 오랜 기간 쓰지 않았다면 나에게 쓸모없는 것들이다. 나와 인연이 없는 것이다. 붙들고 움직이지 못하게 하는 것이다. 비싸고 새것이라면 차라리 형제나 지인에게 나누고 인심을 얻어라. 그것이 내 운을 바꾸는 계기가 될 수도 있다. 비우면 그만큼 공간이 넓어진다. 그곳에 무엇을 채워야 할지가 새롭게 보인다. 물건이 바뀌면 나도 바뀐다. 끊고 버리는 것이 어렵다면 바꾸면 된다. 바꾸다 보면 어느 순간 끊어지는 것들이 생긴다.

버릇은 운명이기에 버릇을 바꾸면 운명이 바
꾼다. 자신이 무의식적으로 하는 버릇이 무엇
인지 파악하라. 몸짓, 손짓, 표정에서 드러나
는 무의식적인 행동이 다른 사람에게 불쾌감
이나 이질감을 일으킬 수 있다. 그와 같은 자
신의 버릇을 스스로 파악하고, 객관화할 수 없
다면 가족이나 친구에게 물어보라. 그리고 그
것이 좋지 않은 것이라면 바꿔야 한다.

운이 잘 풀리지 않는다고 생각하면 평소 걷던
길, 이용하는 교통편, 노선을 바꿔보자. 지름
길이 정답은 아니다. 좀 더 우회하더라도 다
른 노선 버스를 이용해보자. 보이는 것이 달라
진다. 장거리 출장으로 KTX, SRT 등을 이
용할 때 평소 일반실을 이용했다면 특실을 이
용해 보라. 자신이 다른 세계로 진입함을 느끼

**"나는 안돼" "힘들어 죽겠네" 등의
자조적인 표현은 혼잣말로도
쓰지 않는 것이 좋다**

게 되고, 느끼면 또 그렇게 이루어진다. 자가
용 운전자도 평소 달리던 길보다는 다른 길을
이용해 보라. 주변 경관과 교통의 흐름이 다르
게 보일 것이다. 시간이 더 걸려도 좋다. 평지
가 아닌 구릉지여서 오르막과 내리막이 있는
길이라면 낮은 길보다 높은 길을 선택하라. 시
야가 넓어지며 더 많은 것을 보게 된다. 주변
에 높은 언덕이나 산이 있으면 올라가 보아라.
주변이 다르게 보인다. 이전에 내가 알던 세상

과 다른 세상이 보인다. 지금의 불운에서 벗어나려면, 한 걸음 더 나아가는 것을 두려워하지 말라. 익숙한 것에 집착하지 말고 새로운 세상을 향해 나아가는 것을 두려워하지 말라. 익숙한 것에 집착하지 말고 새로운 세상을 향해 나아가 보자.

Chapter 6
인테리어 풍수

집안에도 용맥이 있다

〈龍脈〉

≋

인테리어 풍수에서 가장 중요한 것은 용맥(龍脈)을 찾는 일이다. 용맥은 현관에서 안방과 침대로 이어지는 보이지 않는 맥이다. 안방, 특히 침대는 기운이 맺히는 핵심처이자 행운의 공간이다. 현관은 기가 드나드는 통로이다. 거실은 그 드나드는 기가 소용돌이치면서 전체 집 안에 기를 배분하는 곳이다. 거실에서 한바탕 휘돈 마지막 기운이 안방에 머문다. 이것은 좋은 기운일 수도 있고 나쁜 기운일 수도 있다. 이왕이면 좋은 기운을 불러일으키는 것이 좋다.

용맥선상에는 계절에 맞는 생화와 과일을 장식용으로 놓아 기운을 향상하라.

용맥이 중요한 만큼 귀문방(鬼門方)은 조심해야 한다. 귀문방은 절대 방위로 북동에서 남서로 이어지는 맥이다. 귀신이 출입한다는 의미가 있다. 이 중심 선상에 침대, 부엌, 화장실의 중심 축이 놓이게 해서는 안 된다. 일본인으로 건축계의 노벨상이라 불리는 프리츠커상을 수상한 안도 다다오도 설계를 할 때 귀문방을 조심한다고 한다.

2016년 김두규 우석대 교수가 안도 다다오의

오사카 사무실에서 직접 들은 말이다. 어떻게 정확하게 북동과 남동을 측정할 수 있는가? 스마트폰에 '나침반' 애플리케이션을 활용하면 쉽게 측정할 수 있다.

거실은 가장 밝아야 한다

거실은 주택 전체 가운데 가장 밝아야 한다. 밝고 환하게 조명하되, 채도가 높은 좋은 그림 한 점을 걸어서 그 기운이 집 안 전체에 퍼지게 하는 게 좋다. 풍수적으로 거실은 가장의 명예를 관장하는 기가 모인 곳이다. 옛날 양반가의 종택으로 치면 사랑채와 같은 역할을 하는 곳이므로 가족이 모여 정답게 얘기를 나누거나 담소를 즐기는 곳이다. 그러므로 가장의 공간인 거실이 어둡고 정돈되어 있지 않으면 집 안이 어수선해지는 환경이 초래된다.

귀중한 서류나 물품은 안방의 용맥선 끝부분에 보관해 그 가치를 더욱 두드러지게 한다. 현관은 사람들이 드나드는 통로이자 기가 들어오는 통로이다. 좋은 기운이 들어오게 해야 한다. 재물운을 향상하고 싶으면, 마른걸레질이 아닌 물걸레질을 하라. 물은 재물운을 주관한다. 부엌 식탁의 조명등은 펜던트로 바꾸되 붉은색 계통으로 해야 한다. 붉은색은 식욕을 돋우고, 재물의 기운을 향상해 준다.

앞쪽과 뒤쪽의 베란다도 항상 맑은 천기가 들어올 수 있도록 청결한 상태를 유지해야 한다. 앞쪽 베란다는 주로 관상식물과 화분을 조성하면 좋은데 식물의 높이는 1m 내외를 유지해야 풍수적으로 조화와 균형을 이룰 수 있다. 천기는 생태공간인 베란다를 거쳐 거실 내로 유입되면서 생기를 생성한다.

침실은 용맥선상에
〈龍脈〉

침대는 침실 방문을 열고 들어가면 보이는 대각선 안쪽의 모서리 공간에 위치해야 한다. 풍수적으로 사랑과 재물이 쌓이는 자리이며 심리적으로도 안정감을 줄 수 있다. 특히 침대 머리맡의 방향은 서쪽을 반드시 피하고 동쪽이나 남쪽으로 머리를 둘 수 있게 해야 한다. 또 가급적이면 머리맡이 현관이나 화장실을 향하지 않아야 좋다.

원하는 방향으로 침대를 놓기 어렵다면 머리 방향은 창문 쪽으로 한다. 어쩔 수 없이 창문과 나란히 침대를 놓아야 한다면 창에서 떼어두고 그 공간에 화분이나 조명기구를 놓는다.

또 침대를 벽에 바로 붙이지 말고 공간에 여유가 있다면 협탁을 두어 벽과 일정 거리를 확보한다. 협탁 위에 화분이나 조명을 배치해 벽이나 모서리에 모이는 탁한 기운을 멀리해준다. 또한 침대 이외의 주변 가구를 간소화하고 침대를 비추는 거울은 치워야 하며 간접조명이나 조도 조절이 가능한 조명을 선택해 어두운 분위기를 형성한다면 풍수에 좋은 인테리어를 완성할 수 있다.

결론적으로 침실은 집 안의 전체적인 기운을 좌우하는 중요한 공간이기 때문에 바람직한 위치에서 취침하도록 해야 한다. 풍수와 무관할 것 같지만 자연과의 조화로운 관계를 유지하기 위한 최소한의 수단이기 때문이다.

음식에도 풍수가 있다

나의 운명을 바꾸는 데 가장 중요한 것 가운데 하나가 음식이다. 약식동원(藥食同源), 즉 '약과 음식은 근원이 같다'라고 했다. 서양인들도 음식이 그 사람의 운명을 결정한다고 믿었다. 운이 풀리지 않는다고 생각되거든 즐겨 먹던 음식을 바꾸어 보라. 쌀밥 대신 현미밥으로, 육류 대신 생선으로, 생선 대신 육류로 바꾸어라. 분명 몸에 변화가 오고, 몸의 변화는 마음과 나의 운에 변화를 가져온다. 집에서도 쉽게 만들 수 있는 이국 음식(예컨대 카레)도 새로운

운을 만들 수 있다. 음식은 영양과 맛도 중요하지만, 시각적·후각적으로 좋은 것이 운 상승에는 더 영향을 끼친다. '보기 좋은 떡이 먹기도 좋다'라는 말은 빈말이 아니다. 성공하고자 하면 성공을 할 수 있게 해주는 색상의 음식을 취하라. 주황색과 빨간색 음식은 재물의 번창을 가져오고, 노란색 음식은 명예와 행복의 기운을 북돋워 준다. 검은쌀은 중국에서는 황실 전용이었다. 사람을 지혜롭게 해 뭇사람의 존경을 받게 한다는 의미가 있다.

꽃의 풍수 기운은 생화가 최고

여러 풍수 행위 중 하나가 해바라기를 집에 두는 것이다. 해바라기가 재물운에 좋다고 알려져 있기 때문이다. 보통 해바라기 그림을 걸어두거나 생화, 혹은 조화를 집 안에 둔다. 여기서 궁금해하는 것이 그림, 생화, 조화의 풍수 효과가 '다 동일할까'이다. 많은 이들이 그림과 조화를 주로 선택한다. 이에 대해 김두규 우석대 교수는 "가능하면 생화가 좋다"고 조언한다. 살아 있는 것이 그러지 않은 것보다 더 낫다는 것이다. 조화가 불길하다는 견해를 밝히는 이들도 있지만 없는 것보다 낫다는 것이 중론이다. 물론 그림도 좋다. 굳이 순서로 따지자면 생화→그림→조화의 순이 될 것이다. 이는 해바라기에만 국한된 것이 아니다. 꽃을 놓고 싶다면 생화를 놓는 것이 풍수적 효과를 더 누릴 수 있다. 해바라기처럼 풍요를 가져다주는 것으로 사과가 있다.

꽃마다 다양한 풍수적 의미를 내포하고 있다. 모란은 부귀의 상징이다. 시진핑 중국 국가주석 부친의 묘 옆에는 모란밭이 조성돼 있다. 모란은 당나라 때 궁궐에서만 재배됐다고 알려져 있다. 당시 귀한 꽃이었음을 엿볼 수 있

다. 파초 역시 부귀의 상징이다. 옛 시서화에 자주 등장하는 소재다. 석류는 다산을 상징한다. 임신을 준비하는 이들이 석류를 가까이 하면 길하다는 이야기가 있다.

건강을 기원한다면 소나무 그림이 좋다. 소나무는 건강 외에 품격을 나타내기도 한다. 소철은 국가와 국민의 안녕을 위해 종종 이용된다. 우리나라 관공서에 많은 이유다. 이들 식물의 풍수적 기운을 받고 싶으면 직접 길러도 되고, 그림으로 걸어도 된다. 많은 이들이 형편상 그림을 선택한다. 그릇에 꽃무늬가 있는 것도 풍수적으로 길하다. 부귀와 화목을 상징해 가정의 평화를 가져다주는 것으로 본다. 포도알이 장식된 그릇이나 수저도 풍수적 의미가 있다. 풍요와 다산이다.

집에는 향기가 나야 한다

풍수적 기운을 받기 위한 방안으로 향기를 활용하는 법도 있다. 쉽게 말해 좋은 향기가 복을 불러온다는 논리다. 부동산 폭등 현상을 겪으면서 대한민국은 집의 가격에만 매몰되다시피 하고 있지만 정작 중요한 부분은 집의 내면이다. 우리가 가족과 함께 살아가는 공간이자 사회의 구성원으로서 일할 에너지를 얻는 공간이라는 점에서 집 안은 꼭 풍수적 측면이 아니라도 우리에게 너무나 중요한 곳이다. 못자리 역시 망자의 안식처를 구하는 행위임을 감안할 때 살아 있는 이들의 공간의 중요성은 이루 말할 수 없다. 그래서 집은 어느 정도 꾸미는 것이 좋다. 그중 하나가 바로 향기다. 집에서 좋은 향기가 나면 구성원 전체에 좋은 영향을 미친다. 이는 개인의 활력에도 영향을 미치고 더 나아가서는 사회적으로도 긍정적 영향을 미칠 수 있다. 가끔 방송에서 쓰레기 더미에 악취를 풍기는 집이 소개될 때 절로 인상이 찌푸려지지 않는가. 그곳에 들어가 산다고 하면 끔찍할 것이다. 여기서 말한 향기는 좋은 분위기로도 해석될 수 있다. 굳이 비싼 방향제 등으로 집을 휘감지 말라는 것이다. 집마다 특성이 다 다르기 때문에 각자에 맞는 좋은 향을 풍기는 방향을 고민해봐야 한다. 미국이나 유럽에서는 거래가 잘 되지 않는 부동산 매물에 향기를 이용하는 경우가 있다고 한다. 향수를 뿌려 놓으면 매물이 잘 나간다는 것이다. 향기를 나게 하는 것은 집뿐만 아니라 개인에게도 해당된다. 지하철이나 대중이 많은 곳에 갈 때 주위에서 좋은 향기가 나면 그러지 않는 경우보다 더 심적으로 편안하지 않은가. 꼭 여자의 화장품 냄새를 의미하지 않는다. 남자가 적절하게 향수를 사용하는 것도 풍수적 행위이다.

김두규 우석대 교수는 '2020년 운명을 읽는다' 책에서 "좋은 향수는 자잘한 액운을 막아주고 좋은 기운을 진작한다"면서 "감귤 향수는 재물운을, 꽃에서 추출한 향수는 교제 및 애정운을 북돋워준다"고 했다. 김 교수는 또 "편백나무와 소나무 등 향이 좋은 나무에서 추출한 향수는 부정한 액운을 막아준다"고 했다.

책상 위치가 운을 바꾼다

직장인들과 학생들이 가장 시간을 많이 보내는 곳이 책상이다. 회사에서는 업무를 위해, 학생들은 공부를 하기 위해서다. 이 책상도 개인의 운에 영향을 미치는 풍수다. 단적인 예로 학창 시절을 되돌아보자. 무작위로 배치돼 앉은 책상과 자리는 학년 내내 자신의 것이다. 그런데 출입구 앞이라면 어떨까. 쉬는 시간 들락거리는 친구들로 인해 공부를 하려 해도 집중이 잘 안 될 것이다. 겨울이면 찬 바람에 추위가 더 느껴질 것이다. 회사 생활도 마찬가지다. 상사 옆자리에 말단 직원이 앉는다면 심적으로 불편할 수밖에 없다.

이 책상 배치 이야기가 나오면 김두규 우석대 교수가 항상 전하는 일화가 있다. 세계일보 사장을 지냈던 조한규 시청자미디어재단 이사장의 일화다. 조 이사장이 세계일보에서 근무할 당시 자신의 비서가 결혼 8년째인데도 임신이 되지 않는다는 이야기를 듣고 책상 위치를 바꿔 준 적이 있다. 비서의 몸이 차서 임신이 안 되는 것 같아 사무실 공간에서 햇볕을 가장 많이 받을 수 있는 곳으로 책상 위치를 옮긴 것이다. 그곳은 하루 종일 햇볕이 등쪽에 드리우는 곳이었다. 몇 달 후 그 비서는 임신에 성공했다. 공간 배치의 중요성을 일깨워 주는 일화다. 이처럼 학생이 공부를 잘하게 하기 위해, 직장인들의 업무효율을 높이기 위해서라도 책상 배치는 중요한 부분이다.

회사의 경우는 최고경영자(CEO)의 책상 위치가 중요하다. 기본적으로 배산임수형이 좋다. 풍수의 가장 기본인 배산임수를 회사란 공간에도 적용하는 것이다. 회사 건물을 살펴 지대가 높은 곳을 등지고 책상 배치를 하면 좋다. 다만 등 뒤편에 창이 크게 나 있는 곳보다는 벽이 있는 것이 풍수적으로 더 낫다. 구멍이 뚫린 곳을 등지고 있으면 기운이 빠져나갈 수 있다고 보기 때문이다. 또한 실내 조명을 밝게 하는 것도 좋다. 학생의 경우는 집에서 책상 위치를 여러 번 바꿔보는 것이 좋다. 요즘은 대부분 아파트에서 생활해 풍수이론으로 방위를 따져가며 찾기에는 상황이 다 달라 정답이 없다. 그래서 차라리 관찰을 통해서 적합한 책상 위치를 찾는 것이 더 효과적이다. 아이가 가장 편안해하는 곳이 집에서 가장 좋은 책상 위치다.

돈 버는 책상 놓는 법

책상을 어느 방향으로 놓느냐에 따라 기와 운이 결정되기도 한다. 특히 최고경영자(CEO)의 책상은 사운(社運)에 영향을 미친다. 쉽게 말해 기가 좋은 곳에 책상을 두면 회사가 발전한다. 돈 잘 버는 기초를 쌓는 셈이다. CEO가 늘 맑은 정신 상태를 유지하면 중요한 의사결정에 막힘이 없고 실수하지 않는다. 반대로 기가 꺾이고 빠져나가는 곳에 책상을 두면 좋을 게 없다. 건강한 이도 각종 질병에 시달린다.

풍수적으로 책상을 놓는 데 길한 위치를 찾는 건 그리 어렵지 않다. 대부분의 건물이 배산임수(背山臨水 · 뒤로 산을 등지고 앞으로 물을 내려다보는 지세를 갖춘 터)의 배치를 따르고 있듯 CEO의 책상도 지대가 높은 곳을 등지고 낮은 곳을 향한 배치가 길하다. 만약 지대가 높은 곳을 거꾸로 바라봐야 한다면 책상 뒤쪽에 산 그림을 걸어두는 것도 방법 중 하나다. 인위적인 방식으로 배산의 형태를 따르는 것이다.

또 한 가지, 밖이 내다보이는 창을 등지면 안된다. 뒤가 든든해야 정서적으로 안정감이 생긴다. 책상 뒤로 창이 나 있으면 생기나 재물이 빠져나갈 염려가 크다. 또한 들고 나는 기운에 흉한 기운도 있다. 특히 창이 인도로 나 있다면 흉한 기운이 있을 수 있어 책상을 가능한 한 멀리 두는 게 좋다. 부득이하게 창을 등져야 한다면 커튼 등을 이용해 보완해야 한다.

문을 등지는 것도 좋지 않다. 문이 열고 닫히는 게 신경 쓰여 등지는 경우가 많은데 이 또한 심리적으로 좋지 않다. 눈에 보이지 않으니 불안한 것이다. 불안하면 집중할 수가 없다. 책상은 문의 대각선이나 문을 열었을 때 옆모습이 보이게 두는 게 좋다. 벽을 바라보게 둔다면 심리적인 부담감을 해소할 수 있다고 한다.

사무실 책상이 아니라 집 안 공부방의 책상을 염두에 두고 있다면 우선 책상의 위치보다 공부방의 위치가 중요하다. 현관에서 왼쪽에 있는 방에 좋은 기운이 몰려온다고 알려졌다. 참고해서 나쁠 것 없는 내용이다. 공부방에 큰 거울을 두는 것은 좋지 않다. 작은 움직임도 신경 쓰인다. 당연히 집중할 수가 없다.

화장실을 무시하지 마라

돈이나 건강에 문제가 있다면 화장실과 욕실 풍수에 잘못이 있는 경우가 종종 있다. 화장실은 우리 몸에 비유하면 항문에 해당한다. 항문이 열리면 사람이 죽는다. 마찬가지로 화장실 문이나 변기 뚜껑이 열려 있으면 재물이 빠져나간다. 문은 닫고 변기도 가지런히 관리해야 한다. 화장실과 욕실은 가족의 건강운에 많은 영향을 미치는 장소다. 늘 밝고 따뜻한 기운을 만들어야 한다. 물을 많이 사용하기 때문에 자칫 습기로 인한 곰팡이나 나쁜 세균이 생기기 쉬운데, 이로 인해 부패한 기운이 모일 수 있다. 그런 이유로 화장실 문을 열어 놓는 경우가 많은데 차라리 허브를 놓거나 향초를 피우는 게 올바른 방법이다.

전반적인 분위기는 밝은 느낌이 좋다. 흑백의 대조나 원색의 화려한 타일은 노약자에게 좋지 않다. 이곳을 청결하게 관리하면 남녀의 애정운, 건강운이 좋아진다. 특히 안방이나 침실의 화장실과 욕실은 더 깨끗하게 관리해야 가족의 건강운과 재물운, 애정운이 높아진다. 만약 새로 집을 짓고 있다면 화장실과 욕실의 위치를 양지가 아닌 음지에 둬야 한다. 이곳은 가정에서 음의 기운이 가장 많은 장소다. 굳이 양의 기운이 높은 곳에 둘 필요가 없다. 오히려 금전적인 고통을 받거나 건강이 상할 수 있다. 계단 바로 아래나 그 근처에 두면 습기가 계단을 타고 위층으로 올라가 나쁜 영향을 미친다. 집의 중앙은 피하고 현관에선 최대한 멀리 설치하는 게 좋다.

화장실 문을 열었을 때 변기가 보이지 않게 설치하는 것도 좋은 기운을 보존하는 방법이다. 이미 보이게 놓았다면 조명을 밝게 하고 작은 화분을 둬 좋지 않은 기운을 보완해야 한다. 배수가 원활하지 않으면 원하는 일에 막힘이 생긴다. 욕실에서 내려가는 물이 막히지 않게 늘 신경 써야 한다.

색에도 풍수가 있다

빛의 파장에 따라 달라지는 특유한 빛이 바로 색(色)이다. 색깔은 기분을 좋게도 혹은 나쁘게도 만들고 정신이 맑아지는 효과를 내는데, 의학에선 컬러세러피(Color Therapy · 색채치료)를 통해 심리치료에 활용하기도 한다.

색은 인간관계에도 적지 않은 영향을 미친다. 어떤 색을 쓰느냐에 따라 보여지고 느껴지는 게 다르다. 색은 크게 무채색(無彩色)과 유채색(有彩色)으로 나뉜다. 무채색 중 흰색은 밝고 검정은 어둡다. 이처럼 각각의 밝음을 나타내는 명도(明度)라는 성질이 있다. 색의 명도에 따라서 특성이 바뀌는 채도(彩度)라는 성질도 있다. 일례로 빨간색이나 분홍색은 따뜻하게 느껴지고 파란색이나 녹색은 시원하게 느껴진다. 어두운 색은 무겁고 밝은 색은 가볍다. 두 가지 색이 가로로 대비된다면 위에 얹혀 있는 색이 아래보다 밝아야 안정감 있게 느껴진다. 무게중심이 아래에 있기 때문이다. 푸른색을 가까이 하면 몸과 마음을 힐링하는 효과를 가져올 수 있다. 반면 오행상 금속(金)을 상징하는 흰색과 물(水)을 상징하는 검은색은 차갑고 냉철한 느낌을 주기 때문

에 꺼린다. 시간과 장소, 격식에 따라 옷차림과 색을 갖춰 입어야 한다는 건 그런 이유다.

풍수에서는 목화토금수(木火土金水) 오행 가운데 흙(土)을 상징하는 황색, 불(火)을 상징하는 붉은색, 나무(木)를 상징하는 푸른색이 좋다고 한다. 임금이 전통적으로 황색과 붉은색 옷을 입은 것도 풍수적 해석이 가미된 결정이었다. 황색은 왕을 상징하는 색이며 붉은색은 재물의 번창, 열정을 의미한다. 푸른색은 봄을 뜻한다. 파릇파릇한 새싹이 나오듯 봄은 성장을 상징한다.

이사하면 운이 달라진다

이사(移徙)는 사는 곳을 다른 데로 옮기는 것이다. 월세든 전세든 매매든 집을 팔고 사는 행위다. 아무리 가까운 곳으로 이동해도 지금 사는 곳에서 떠나 새로운 곳으로 둥지를 옮기게 된다. 이렇게 살던 곳을 떠나 다른 곳으로 이동해야 하는 데는 두 가지 풍수적 이유가 있다.

그 첫 번째는 '땅'이다. 풍수 격언에 '천불이지불수(天不賜地不受)'라는 말이 있다. 인연이 없는 사람에겐 하늘이 그 땅을 주지도 않고, 땅 또한 그 사람을 받아들이지 않는다는 뜻이다. 나와 인연이 없는 땅에서 새롭게 출발해야 할 이유가 있을까. 힘들다. 고된 생활이 뻔하게 눈에 보인다. 군이 인연이 없는 땅에서 살 필요가 없다는 말이다. 둘째, 풍수의 핵심 이론인 동기감응설(同氣感應說)에 근거한 이론이다. 조선 왕조의 공인 풍수학 고시과목이었던 '호순신(胡舜申)'은 말한다.

"무릇 그 땅에다가 집을 짓고(주택), 뼈를 묻게 될 때(무덤) 받는 것은 땅의 기운이다. 땅의 기운에 있어 아름답고 그렇지 않음의 차이가 이와 같은즉, 사람의 그 기를 받아 태어나기 마련인데, 어찌 그 사람됨의 맑고 흐림 · 똑똑함과 멍청함 · 착함과 악함 · 귀함과 천함 · 부자와 가난함 · 장수와 요절의 차이가 없겠는가."

풍수적으로 이사와 이장은 바로 이런 이유에서다. 그렇다면 과연 그 땅을 떠난다고 그 사람의 운명이 바뀔 수 있을까. 집을 옮겨 다른 곳에서 살게 되면 우선 먹을거리(음식)가 달라진다. 단골 마트나 음식점, 하다못해 간식거리를 사던 떡집도 달라지게 마련이다. 먹는 것이 바뀌니 자연스레 체질에 변화가 생긴다. 흥정을 통해 만나는 사람도 달라지거니와 앞집, 옆집, 뒷집… 매일 마주치는 이들도 달라진다. 새로운 인맥이 또 다른 인맥을 끌어온다. 주변 상황도 달라지고 분위기도 달라지니 경험하게 되는 라이프스타일이나 문화, 각종 제도 또한 달라진다. 그 결과, 이전에 살았던 곳과는 전혀 다른 새로운 운명이 펼쳐지게 된다.

거울을 두는 위치

실내 장식을 기획하고 있다면 가장 많이 신경을 써야 할 공간 중 하나가 바로 현관이다. 집의 현관(출입구)은 우리가 매일 드나들며 무의식적으로 영향을 받는 통로로 풍수에서 상당히 중요한 자리다. 현관은 사람 외에도 기가 들어오고 나가는 통로이기 때문이다. 풍수에서 이러한 통로에 큰 거울을 두는 것은 들어오는 복을 쫓아낼 수 있어 좋지 않은 것으로 알려졌다. 대형 거울보다는 작은 팔각형 거울을 구석진 곳에 배치해 들어오고 나가는 기를 조절하는 것이 좋다. 거울을 두는 위치도 중요하다. 현관 우측에 걸면 재운이, 좌측은 명예운에 도움이 된다.

피치 못할 사정으로 현관에 있는 큰 거울을 옮길 수 없다면 선팅 처리하거나 그 앞에 음지성 식물을 두어 차폐하는 것이 바람직하다. 또 한 가지, 현관을 청소할 때는 마른걸레질이 아닌 물걸레질을 하는 것이 좋다. 물은 재물운을 주관하기 때문이다.

한편, 풍수적으로 대형 거울이 무조건 나쁜 것만은 아니다. 공간이 협소하여 심리적으로 협착감을 느끼는 공간(음식점, 사무실, 거실 등)에는 벽유리를 설치해 확장감을 주는 것도 풍수행위라고 할 수 있다. 다만 이 경우에도 벽유리의 높이를 허리 아래까지로만 하는 것이 좋다. 벽유리를 가슴이나 눈높이까지 설치하는 것은 흉하다고 보는 것이 정설이다. 큰 거울은 우리나라보다 홍콩이나 중국의 기업들 또는 금융투자업계에서 더 신경을 쓰고 조심하며 꺼리는 경향이 크다. 물론 이는 풍수적인 시각에서다.

현관문을 열었을 때 보이지 않아야 할 3가지

현관문을 열었을 때 바로 보이면 좋은 것과 나쁜 것이 있다. 풍수상으로는 이를 '삼견·삼불견(三見·三不見)'이라고 한다. 먼저 '삼견'은 붉은색과 노란색, 그림을 말한다. 붉은색은 재물의 번창을 의미하고 노란색은 황제, 리더를 의미한다. 마지막으로 좋은 그림 한 점은 이로운 기운을 응집해 발산하는 것으로 여긴다. 반면 '삼불견'은 현관문을 열었을 때 바로 보이면 안 되는 세 가지다. 첫 번째는 화장실이다. 현관에서 화장실이 보이면 쓸데없는 스캔들이나 불필요한 구설에 휘말려 명예가 실추될 수 있다. 다음은 부엌인데, 현관에서 바로 부엌이 보이면 가족의 건강이 나빠진다는 말이 있다. 마지막은 거울이다. 집을 나서기 전에 옷매무새를 살피기 위해 현관에 전신거울을 인테리어한 집이 많은데 이는 추천하지 않는다. 풍수에서는 현관을 기운이 드나드는 통로라고 본다. 거울은 이중적인 의미를 지닌다. 작은 거울을 갖고 다니면 나쁜 기운을 쫓아주지만 큰 거울은 들어오는 복도 쫓아낸다.

현관의 신발코 정리 방향

집을 사람에 비유하면 현관문은 사람의 입에 해당한다. 입이 더러워지면 몸(집)도 건강이 상하기 쉽다. 현관문을 포함한 현관은 항상 청결하고 깨끗하게 유지하는 게 바람직하다. 현관이 더러운 상태이거나 짐을 쌓아둔 경우

라면 입에 재갈을 물린 것과 같은 형국이다. 대인관계에도 현관은 집 안의 얼굴로 집의 첫인상을 좌우하는 곳이다. 조명을 밝게 하고 신발이나 우산 등 현관을 어지럽게 하는 물건 등은 치우는 것이 좋다. 현관이 깨끗해야 좋은 기운이 잘 들어오고 나쁜 기운은 물리친다. 현관문 주변과 출입문 근처도 깨끗이 정리하는 것이 좋다. 현관 앞이 더러우면 첫인상부터 좋을 수가 없고 그 집에 사는 사람들에게도 선입견을 품게 된다. 좋은 인상과 기운을 얻는 데 어려움을 겪을 수밖에 없다.

신발 정리 방향도 신경을 쓰는 것이 좋다. 원칙적으로 신발은 외부의 나쁜 기운을 가지고 오기 때문에 되도록 보이지 않게 신발장에 넣어두는 것이 가장 좋다. 손님이 찾아오는 등 신발장 정리가 어려울 때 보통은 사람이 밖으로 나가기 좋게 신코를 바깥으로 향하게 정리하는 경우가 많은데 풍수적으로는 좋지 않다. 집 쪽을 바라보는 방향으로 신발을 정리하는 것이 더 바람직하다. 모든 기운은 안으로 들어오는 법인데 들어오는 기운을 밖으로 내보내는 형태이기 때문이다.

아이방을 꾸미는 비법

공부방에서 중요한 건 침대와 책상이다. 책상의 위치를 가장 우선시해야 하고, 침대는 없어도 무방하다. 침대가 있으면 공부하다가도 눕고 싶은 마음이 생기기 때문에 일부러 없애는 경우도 많다. 책상은 문에서 대각선 방향에, 문과 등지게 놓는 게 좋다.

'산은 인물을 주관한다(山主人丁)'고 했다. 집 주변에 산이 있다면 자녀들의 공부방은 산 쪽으로 책상을 배치하는 것이 좋다. 만약 집 주변에 산이 없으면 창문을 피해 책상을 배치하는 것이 좋다. 창문은 기가 빠져나가는 통로다. 여유가 있으면 우드(Wood) 벽으로 교체하여 쾌적한 향으로 머리를 맑게 하는 것이 좋다. 책상 소재도 되도록 나무를 사용하는 것을 추천한다. 나무는 풍수적으로 성장함, 반듯함을 의미해 자녀 교육에 좋은 기운을 줄 수 있다.

오행 중 처음인 목(木)은 나무를 상징한다. 나무는 반듯하고 끝없이 성장한다. 마치 어린아이가 성장하는 것과 같다. 인생을 4단계로 본다면 태어나서 대학생까지를 목(木)의 기운으로 보는데, 나무를 가꾸며 키우는 것은 어린아이를 교육하는 것과 같은 의미로 통한다. 따라서 아이 방의 가구를 고를 때 나무 소재를 고르면 목(木)의 기운을 받아 교육에도 좋은 기운을 줄 수 있다. 목(木)의 기운을 띠는 직업은 교육, 행정, 공무원 등이 있다.

재물운과 침실

안방은 집주인이 주로 머무는 곳으로 집 안의 중심이라 할 수 있다. 안방은 집주인이 편안하게 쉴 수 있는 주목적에 맞는 인테리어를 해야 한다. 안방은 재물운은 물론이고 애정운과 건강운을 주관하는 곳으로 본다. 안방에서 가장 많이 하는 것은 수면으로 침대의 배치가 제일 중요하다. 침대를 좋은 위치에 놓아야 쾌적한 수면을 할 수 있기 때문이다. 침대는 출입문과 대각선 위치로 배치한다. 침대에 누웠을 때 방 안 전체를 볼 수 있게 하는 것이다. 그뿐만 아니라 보이지는 않지만, 방 밖에 있는 거실, 현관, 주방을 바라볼 수 있게 해 집주인이 집 안을 장악하고 있다는 느낌을 주는 것이 좋다. 또한, 침대는 벽에 붙여놓지 말아야 한다. 벽의 찬 기운이 집주인의 건강을 해칠 수 있다.

침대는 집 안의 구조를 살펴 현관과 출입문을 중심으로 대각선으로 머리를 벽 쪽을 향하게 놓으면 안정된 수면을 취할 수 있다. 침대 머리를 창문을 향하게 하는 것은 피한다. 침대의 위치가 결정되면 나머지 가구는 편의에 따라 배치하면 된다. 단 화장대 위치로 침대 맞은편은 피한다. 거울이 맞은편에 있으면 밤에 또 하나의 나를 보게 하므로 쾌적한 분위기를 해친다고 본다. 안방에서 빼야 할 물건도 있다. 대표적으로 TV다. TV가 침실에 있으면 수면에 방해된다. 어항과 금속성 물건도 침실에서 치우는 것이 좋다. 침실은 휴식을 위한 공간이므로 불필요한 물건은 치우는 것이 좋다. 비움의 원칙이 중요하다. 작은 가족사진이나 향기로운 난 화분 정도는 소품으로 활용해도 좋다. 식물 화분을 고를 때 사람 키를 넘는 큰 나무는 위압감을 줄 수 있다.

침실은 직접조명보다는 벽이나 천장과 같은 특정 면적을 비춘 뒤 반사광을 이용하는 간접조명이 좋다. 또 천장 등으로 방 전체를 조명하는 전반조명보다는 실내의 일부를 조명하는 부분조명이 좋다고 볼 수 있다. 거실은 침실과 반대로 전체를 환하게 비추는 직접조명과 전반조명이 좋다. 활발한 에너지의 장을 만들기 위해서다.

Chapter 7

2023 계묘년 운세

운명 예측 방법들

2023년은 계묘년(癸卯年)이다. 계묘년 새해 운세는 어떨까? 이미 일본·중국은 말할 것 없고 서양에서도 2023년 운명서와 그 예언들이 쏟아지고 있다. 필자는 내년 운세를 말하고자 함이 아니다. 다음과 같은 궁금증을 독자들께 풀어드리고자 함이다.

①왜 해마다 운명 예언서가 쏟아져 나올까?
②그러한 운명 예언은 무엇을 근거로 할까?
③그렇게 해서 예언된 2021년 운세는 어떤 내용일까?

해마다 숱한 예언서가 쏟아져 나오는 것은 개인이나 국가나 한 치 앞을 볼 수 없기 때문이다. 세상은 우연히 일어나는 극단적·충격적인 일들로 움직여 왔다. 2022년 임인년 큰 사건은 무엇이었는가? 5년 국운을 좌우하는 대통령 선거가 있었다. 이후 새로 선출된 대통령은 대통령 집무실을 청와대에서 용산으로 옮겼다. 이후 대통령 지지율은 20~30% 경계를 넘나들고 있다. 2022년 10월의 마지막 토요일 서양인들의 '귀신놀이축제' 밤에 150여 명의 귀중한 목숨들이 압사당했다. 2022년 최대의 불행한 사건이었다. 그 누가 예상했겠는가? 알 수 없는 운명 탓인가?

인문·사회과학자들은 일상적이고 반복적인 것을 관찰하고 그 축적된 통계와 트렌드를 바탕으로 미래를 예측한다. 해가 바뀔 때마다 수많은 연구 기관·학자·전문가가 한 해를 학문적으로 전망한다. 경험으로 알 수 있듯 그러한 예측들은 적중한 것보다 틀린 것이 더 많았다. 운명을 논하는 사주·풍수술사들은 학자들의 틀린 부분에 대해 '학문(學)' 아닌 '술수(術)'로 예측하려 든다.

술사들은 무엇을 근거로 새해 운세를 말할까? 전통적인 예측술은 한 가지가 아니다. 중국에서 당·송·원·명·청으로 왕조가 바뀔 때마다 새롭게 변용된 사주 이론들, '주공비결'과 '지모경', 우리나라 '토정비결' '격암유록' '정감록' 등이 그 이론적 바탕이 된다. 그런데 이 '비결'들을 분석해 보면 공통점이 있다. 서양의 운명예측술과 다른 동양만의 특징이다.

띠로 보는 계묘년 운세

첫째, 띠로 보는 운명 예측이다. 계묘년(癸卯年)의 계(癸)는 오행상 수(水)이며 색은 푸른색(靑)이다. 묘(卯)는 토끼를 상징한다. 푸른 토끼? 토끼도 푸른색이 있던가? 대개 흰색·갈색·검은색이다. 특이한 해가 될 것이다. 토끼는 흔히 순하면서 다산(多産)을 상징한다. 기하급수적으로 개체 수가 늘어난다. 다산이 덕목인 때도 있었으나 좋은 것만은 아니다. 일정한 풀밭을 기하급수적으로 늘어난 토끼들이 뿌리까지 남기지 않고 모두 갉아먹을 수 있기 때문이다. 착한 다수의 사람들(국민들?)이 생존이라는 단순한 본능에 따라 들판(전국)의 모든 풀들을 갉아먹는다. 못하게 막으려면 땅굴로 숨어 버린다. 땅 위의 작은 풀들은 뿌리까지 없어지지만, 큰 교목들은 토끼들이 건들지 못한다. 나약한 1년생 풀들만 먹이가 되고 다년생 교목들은 건재한다. 누구를 탓할까? 대개 띠로 보는 예측은 이렇게 단순하다. 누구나 한 번쯤 해볼 수 있는 예측이다. 그런데 이러한 띠로 보는 예측이 최근 서양에서도 수용되고 있다. 동양의 띠를 근거로 하는 예언서가

서양에서도 등장하는 점이 흥미롭다.
미래에 대한 궁금증을 해소해보려는 원초적 욕구이다.

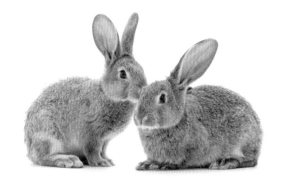

간지로 보는 운명예측

둘째, 간지(干支)로 표현되는 그 해의 두 글자를 해석하는 방법이다. 2023년은 '계묘년(癸卯年)'이란 간지로 표기된다. 이때 계묘(癸卯) 두 글자의 관계에서 실마리를 찾는다. 계(癸)는 오행상 수(水), 묘(卯)는 오행상 목(木)이다. 수(水)는 목(木)을 낳는다(水生木). 또 계(癸)와 묘(卯)는 음양상 모두 음(陰)이다. 흔히 이를 일러 '식신(食神)'이라고 한다. 밥신이란 뜻이다.

먹거리가 풍부하거나 먹거리에 관심이 많이 간다. 먹거리가 풍부해지거나 관심이 많아지니 자연스럽게 말들이 많아지고 새로운 생각(아이디어)들이 쏟아진다. 먹을 복, 술 복, 옷 복이 생긴다. 더불어 여성의 경우 자식을 낳는다. 자궁·자식·색정의 기운에 변화가 생긴다. 이를 통해 자신의 존재를 드러낸다.

전에 없던 용기와 의욕이 생겨 새로운 일을 벌이고자 하는 의욕이 생겨난다. 주택 구입에 관심이 가거나 그러지 않으면 좋은 옷이라도 사려는 욕구가 강해진다.

새 옷은 신체상의 물리적·심리적 변화를 의미한다. 사업가는 실적이 좋고, 직장인(공무원·회사원)은 승진을 한다. 몸이 아팠던 사람은 건강이 좋아진다. 밥맛이 돌기 때문이다. 건강해지면 새 옷을 입고 나들이를 한다. 사회 전반의 흐름은 이와 같이 흘러간다. 먹거리와 섹스가 주도하는 한 해이다.

중국 황실 비전_{<祕傳>}
'지모경'의 2023년 운명예측

셋째, 육십갑자주기설(六十甲子週期說)이다. 육십 년 주기로 사건·사고가 반복된다는 주장이다. 육십갑자주기설로 보는 예측은 2가지가 있다. 역사적으로 과거 계묘년(1963년, 1903년, 1843년, 1783년, 1723년…)에 발생던 큰 사건·사고의 유형과 특징을 종합하여 '2023년은 어떠하리라!' 예측하는 방법이다. 일종의 경험론이다.

또 다른 '육십갑자주기설'에 따른 2023년 계묘년 예측 방법으로 가장 많이 활용되는 것이 '지모경(地母經)' 풀이 방법이다.

중국 고대 예언서로 역대 황실에서만 활용하던 비결서이다. 청나라가 망하면서 세상에 알려졌다. '지모경'은 매년 농작물 작황·수확·기후·민생·천재지변을 예측하는 책이다. '지모경'은 60갑자 순서대로 갑자(甲子)년, 을축(乙丑)년,… 계해(癸亥)년까지 60개의 예언을 시(詩)로 적고 있다. 계묘년은 60갑자 순서

중 40번째에 해당한다. 2023년 계묘년을 '지모경'은 다음과 같이 소개하고 있다.

원문
詩曰:

太歲癸卯年, 高低半憂喜. 春夏雨雹多, 秋來缺雨水.

燕趙好桑麻, 吳地禾稻美. 人民多疾病, 六畜瘴煙起.

桑葉枝上空, 天蠶無可食. 蠶婦走忙忙, 提籃泣淚悲。

雖得多綿絲, 盡費人心力.

번역문
시(詩)로 말한다.

계묘년 운세는 높고 낮음이 있는 법, 반은 기쁘고 반은 슬픈 일이다.

봄·여름에 우박이 많이 내리고, 가을비가 부

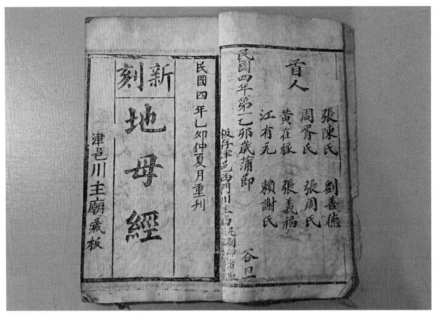
지모경

족하다(가을 가뭄).

북방지역(조나라·연나라)은 뽕과 삼(비단과 삼베옷의 원료)이 호황이고,

남방지역(오나라)은 벼(식량) 풍년이다.

국민들은 병이 많고, 가축들에게 전염병이 창궐한다.

뽕나무 가지에 뽕잎이 적어 누에가 먹을 것이 없구나.

누에치는 아낙네 발걸음 분주하나,

뽕잎 담을 바구니에 눈물만 가득하네.

비록 비단실 많이 얻겠으나, 몸과 마음이 고달프겠네.

'지모경'을 근거로 2023년 운세를 정리하자.

길흉이 반반이다. 봄·여름에 우박이 내리고 가을 가뭄이 심하지만, 그럭저럭 일 년 농산물(오나라 벼)과 제조업(연나라·조나라 비단과 삼베)은 잘된다.

코로나19의 뒤끝은 여전하고, 소의 구제역, 돼지의 아프리카 열병, 닭의 AI 등 전염병이 토착화되어 목축업이 힘들다.

생산재료(곡물·원유·사료) 수급이 힘들어 사업가들의 발걸음이 분주하나 무겁기만 하다. 버는 돈보다 흘리는 눈물이 더 많겠다.

힘들여 얻은 생산물이 부가가치가 높아 소득은 적지 않으나, 그것을 얻기 위해 얼마나 많은 고생이 필요할까?

2023계묘년 장성운(將星運)

〈물 들어올 때 노 젓는 운〉

2023년에는 돼지띠 · 토끼띠 · 양띠가 장성운이다. 장성운은 '물 들어올 때 노 젓는 운'이다. 장성(將星)은 '장군의 별'을 뜻한다. 새로운 세계로 진입하여 이름을 빛낸다는 뜻이다. 주체성과 소신이 강하여 일을 추진하는 능력이 뛰어나다. 승진 · 번영 운이다.

대학생이라면 자기가 하고 싶은 분야에 몰입하면 좋은 결과가 나오며, 군복무를 해야 할 학생들이라면 이때 입대하면 좋다. 승부욕이 강하여 일을 추진하는 능력이 뛰어나다. 스포츠학과 학생들이 자신의 역량을 발휘하는 한 해이다. 각종 경기에 참가하면 메달을 따는 해이다.

취직과 취업(특히 군인 · 검찰 · 경찰 · 세무 · 의사 · 고깃집 · 종교인 · 요리사 · 체육 · 예능 분야)을 준비하는 사람들에게 좋은 결과가 있으며, 이미 이쪽에 종사하는 이들(경찰 · 검찰 등)은 승진운이 좋다. 총경이나 별을 다는 해이다. 자영업자나 사업가는 새로운 시장이나 고객을 만난다. 연예인과 체육인은 이때 자신의 능력을 발휘하여 스타가 된다.

어려운 일을 만날 때 장성살에 해당하는 운에 있거나 혹은 사주에 장성살을 가진 사람이 도움이 된다. 예컨대 소송에서 장성살 변호인을 쓰면, 재난 사건이 있을 때 장성살을 가진 이가 지휘를 하면, 위급한 환자를 장성살을 가진 의사가 치료를 하면 성공한다. 이성과의 만남에서도 장성살을 가진 사람과 만나면 좋은 결과가 나오고 재물이 번창한다.

다만, 모든 일이란 과유불급이다. 소신이 강하고 추동적인 장성살이 지나치게 작용할 경우가 문제이다. 신혼부부는 서로의 강한 에고로 인해 충돌할 수 있다. 심한 경우 별거와 이혼, 이로 인한 가정 파탄에 이를 수 있다. 아내가 남편 대신 생계를 책임질 수도 있다(여성이 장성살이 있으면 남편 대신 생계를 책임지기도 한다). 또한 자신의 굳어진 고집과 자존심으로 인해 나 스스로가 친구 · 배우자 · 자식에게 소외되고 고립된다. 세계관과 마음을 과감하게 바꾸면 존경을 받는다. 상대방을 포용하는 너그러운 마음이 필요하다.

도화살운이 들면
화려함을 좋아하고 미적 감각이 뛰어나
자신을 꾸며 세상에 드러내고 싶어 한다

2023년 도화살(桃花煞)

2023년 도화살운에 해당하는 띠는 호랑이 띠 · 말띠 · 개띠이다. 도화(桃花)는 복숭아 꽃을 의미한다. 도화살(桃花煞)은 성(性) · 사랑 · 색정(色情) · 음욕(淫慾)의 기운을 의미한다. 그래서 옛날에는 이것을 나쁜 것으로 여겨 꺼렸다. 조선 시대 남존여비가 극성을 부리던 시절 이야기이다. 그러나 성과 사랑이 없는 인생사는 너무 무미건조하고 고통스러운 삶이다. '식색성야(食色性也)'라고 했다(맹자). '먹는 것과 섹스는 인생의 본성'이라는 말이다.

복숭아는 색이 발그레하고 생김새가 통통하면서도 가운데 골이 있어 여성의 젖가슴이나 엉덩이를 연상시킨다. 그러니 조신함을 미덕으로 여겼던 조선시대에 도화살이 낀 사람은 음란하고 헤프다 하여 꺼렸다. 심지어 '기생사주'라고 천대하였다. 그러나 도화살이 있는 사람은 그 본성이 순수하여 해맑고 왕성하다. 속마음과 자신의 끼를 숨기지 않고 드러낸다. 성욕 또한 숨기지 않는다. 인기를 독차지하여 주변으로부터 시기와 질투를 한 몸에 받기도 한다. 따라서 엄숙 · 단정함을 강조하던 조선시대에

도화살은 천박하고 음란하다는 부정적 평가를 받았다. 또 인기를 독차지하는 도화살에 대해 주변의 질투와 시기도 한몫하였다.

도화살에 대한 평가는 시대와 사회에 따라 달라졌다. 과거와 달리 자신의 끼를 발산하여 주변을 즐겁게 해주는 것을 장점으로 여기는 현대사회에서 도화살은 긍정 평가의 대상이 된다. 가정에서나 직장 및 사회에서 도화살은 주변을 부드럽고 따뜻하게 해주는 중요한 요소이다.

도화살운이 들면 화려함을 좋아하고 미적 감각이 뛰어나 자신을 꾸며 세상에 드러내고 싶어 한다. 화장을 하여 자신을 아름답게 꾸미고 성형수술을 하고 싶어 하기도 한다. 이성에 대한 관심이 높아지고, 배우자가 있는 자라도 다른 이성에게 유혹을 받는다. 그런데 그것이 싫지가 않다.

연예인으로 도화살운이 들었다면 대중에게 많은 인기를 얻어 스타가 될 수 있는 한 해이다. 이러한 도화살은 가정과 회사의 '꽃'이 되기에 충분하다. 서비스업 종사자 · 연예인 · 정치인들에게 도화살이 없으면 대중으로부터 사랑을 받지 못한다.

'유튜브' 활동 역시 도화살이 있는 자에게 더욱 유리하다. 내용이 아무리 좋아도 그 내용을 전달하는 '유튜버'에게 끌리는 무엇, 즉 도화살의 도움 없이는 인기를 끌 수가 없다.

2023년 삼재(三災)

2023년 계묘년에 삼재에 드는 띠는 원숭이띠 · 쥐띠 · 용띠이다.

삼재(三災)는 본디 불교에서 말하는 세 가지 재앙으로 '작은 삼재(小三災)'와 '큰 삼재(大三災)'가 있다. 작은 삼재는 전쟁 · 질병 · 굶주림이란 세 개의 재앙을 말하며, 큰 삼재는 수재(水災) · 화재(火災) · 풍재(風災)를 말한다.

불교가 국교가 된 고려시대부터 우리 민족에게 삼재 민속이 뿌리를 내려 민간에서는 매우 무겁게 수용하고 있다. 삼재는 사람마다 9년을 주기로 맞게 되는데, 삼재운이 든 첫해를 '들어오는 삼재'란 뜻의 '들삼재'라고 한다. 둘째 해는 누워 있는 삼재라고 하여 '누울삼재' 혹은 가운데 삼재를 뜻하는 '중삼재'라고도 한다. 셋째 해 삼재는 나가는 삼재라고 하여 '날삼재'라 한다. 삼재 가운데 누울재(중삼재)를 가장 흉하다고 하여 '악(惡)삼재'라고도 한다. 이때는 여행 · 캠핑 · 물놀이 · 친구와의 만남 등을 삼가는 것이 좋다. 부모 사이에 다툼이 있을 수 있다.

부모는 자식에 대한 각별한 이해와 위로, 그리고 칭찬으로 자녀에게 악삼재 운이 달라붙지 않도록 한다. 삼재가 반드시 나쁜 것만은 아니다. '최선의 방어는 공격'이라는 말이 있듯, 나쁜 운을 좋은 운으로 바꿀 수 있다. 그러한 까닭에 삼재를 악(惡)삼재가 아닌 복(福)삼재라고도 한다. 악삼재를 복삼재로 바꾸는 방법은 '운명을 바꿀 수 있는 초간단 비결'에서 소개한다.

감옥살(監獄煞)

2023년 계묘년에 감옥살에 해당하는 띠는 뱀띠·닭띠·소띠이다.

재살(災煞) 혹은 수옥살(囚獄煞)이라고도 한다. 모든 살들이 처음부터 나쁜 것은 아니다. 자신의 의지를 관철하려 임기응변과 편법까지 동원하는데, 역부족으로 혹은 여의치 못하여 실패할 경우 그 대가를 치르는 살이다. 그러한 까닭에 흔히 재살에는 감금·납치·구속·관재구설·소송 등 몸이 구속된다고 말한다. 타자에 의해 내가 감옥에 갇히지 않으려면 내가 타자를 감옥에 가두면 된다. 그것도 수옥살이다. 그것이 나의 운명을 바꾸는 방법이다.

'감옥살'이란 용어가 불길한 느낌을 줄 수 있으나, 꼭 그러한 것만은 아니다. 뱀이 물을 마시면 독이 되고 소가 마시면 우유가 되는 이치와 같은 것이다. 내가 타인을 가둘 수가 있고, 타인이 나를 가둘 수가 있다. 스스로를

가두어 특정한 소기의 목적을 달성할 수 있다. 감옥살을 긍정적으로 활용하려면 두뇌가 총명하고 임기응변과 수시처변의 능력이 필수이다. 따라서 범죄를 저질러도 크게 저지른다. 잡범이 아니다. 그러나 아무리 계획을 잘 세워 어떤 일을 도모하더라도(대개는 편법을 이용) 여의치 못하면 범법자가 된다. 그 결과 감옥에 갇히게 된다. 그러한 큰 범죄자를 제압하려면 경찰·검찰·변호사 등 관계자 역시 이들보다 더 뛰어나야 한다. 따라서 '감옥살'을 어떻게 활용하는가가 중요하다. 감옥살의 시운에 해당될 때의 상황이란, 외부환경과 타인으로부터 자신을 스스로 지켜야 하는 생존이 걸린 상황이다. 자기방어적 기제가 본능적으로 발동한다. 수단과 방법을 다해 방어하고 자신을 보호해야 하므로 심리적으로 불안·예민하면서도 눈치가 빠르다. 따라서 무조건 나쁘다고 말할 수 없다.

학창 시절은 심신이 모두 학교와 학원에 구속된 몸이다. 차분히 학교와 학원 및 독서실에서 공부하는 것도 감옥살이다. 스스로를 '아싸'(아웃사이더)로 만드는 것이 결코 나쁜 것만은 아니다. 다만, 감옥살의 때가 되면 MT·여행·단독 산책·등산·출장·놀이 등은 피함이 좋다. 가급적 외부출타를 자제하고 집이나 직장 등 기존의 공간을 벗어나지 않음이 좋다. 외근보다는 내근이 좋다. 절제된 태도로 학습과 업무에 임할 때 흉이 길로 바뀐다. 군복무를 해야 할 청년이라면 이 해에 입대하면 좋다. 사업상 거래가 여의치 않은 상황이면 이로 인해 감금·납치·구속을 염려하여 미리 조심함이 지혜이다.

경비·경찰·검찰·교도소·군인·변호사 관련 업종 근무자는 오히려 복이 된다. 이 분야 시험을 준비하는 공시생들에게 이때에 시험운이 따른다. 학원(문화센터)이나 주변과의 관계를 잠시 중단하고 스스로를 가두어 자기계발에 힘쓰라.

나이 든 분이라면 조용히 집에 머물거나 귀향하여 은둔적 생활을 추천한다. 그러지 않으면 병원과 요양원행이 될 수도 있다.

2023년 육해살(六害煞)

2023년 육해에 해당하는 띠는 원숭이띠·쥐띠·용띠이다.

육해(六害)는 질병·재산 낭비·빈곤·이별 등 여섯 피해를 의미한다. 육해운에 해당되면 고립·중단·지체·질병 등으로 매사가 제대로 풀리지 않는다고 하여 침체살이라고도 한다. 가정에서는 본가·처가·친정·시댁·형제·동서와의 일에 얽혀 마음고생을 하거나 돈의 지출이 많아 몸과 마음이 힘들다. 원인은 육해의 운에 들면 일을 빨리빨리 처리하고자 하고, 비밀이 많으며, 대인관계에서 일관성이 없기 때문이다. 욕속부달(欲速不達·서두르면 일을 달성하지 못한다)이라 하였다. 또 상대방에게 일의 진행 과정에 대한 설명이 없기에 오해가 생기며 이로 인해 일의 진척이 더디다. 따라서 육해의 운에는 좀 더 차분하게 속도를 늦추며, 자신을 되돌아보며, 과거와 조상을 생각함이 좋다. 그러한 연유로 조상에게 제사를 모시거나 조상 묘를 찾아서 육해의 해로움을 피하라는 조언을 하기도 한다. 꼭 나쁜 것만은 아니다. 자기 내면으로 침잠하기에 인문학 분야 관계자(문학·철학·예술·종교인)에게는 좋은 결과를 낸다. 육해운은 좋은 기운이 빠져나가기에 반사적으로 그 빠져나감을 막기 위한 무의식적 기제가 발동한다. 눈치가 빨라지고 촉이 발달한다. 회사나 조직의 핵심 부서에 근무하는 이들이라면 이때 자신의 능력을 발휘한다.

가급적 일을 벌이지 않으며, 주변 친인척을 끌어들이지 않는 것이 좋다. 20~30대 젊은이들은 매사 서두르지 말고 차분하게 하라.

40~50대 직장인은 승진을 위해 대학원(최고경영자과정)·문화센터·학원에 스스로 '갇히는 것'도 좋고 직장에서 자기 및 조직 관리를 철저하게 하는 것을 추천한다. 60~70대는 집안일에 관여하지 않으며, 조상의 제사와 무덤에 정성을 다하면 육해는 해가 되지 않고 오히려 복이 된다.

참고 도서

김두규,『권력과 풍수』, 장락출판사, 2002.

김두규,『풍수학사전』, 비봉출판사, 2006.

김두규,『풍수강의』, 비봉출판사, 2007.

김두규,『국운풍수』, 해냄출판사, 2016.

김두규,『2020 운명을 읽는다』, 해냄출판사, 2019.

김두규,『풍수, 대한민국』, 매경출판사, 2022.

도널드 트럼프,『트럼프의 부자되는 법(이무열 옮김)』, 김영사, 2004.

D. J. Trump,『The Art of the Deal, Ballantinebooks』, New York, 1987.

D. J. Trump,『Surviving at the Top』, New York, Randomhouse, 1990.

부자되는 풍수, 기업 살리는 풍수

초판 1쇄   2022년 12월 23일

지은이   김두규 · 매경럭스멘
펴낸이   최경선
펴낸곳   매경출판㈜
디자인   정제혁 이영석 이근지
등록   2003년 4월 24일(No. 2-3759)
주소   (04557) 서울시 중구 충무로 2(필동1가) 매일경제 별관 2층 매경출판㈜
판매문의   02)2000-2606
인쇄·제본   ㈜M-print 031)8071-0961

ISBN 979-11-6484-506-4(03300)